麦肯锡写作技巧

ロジカル・
ライティング

[日] 照屋华子 著　董真真 译
HANAKO TERUYA

北京时代华文书局

图书在版编目（CIP）数据

麦肯锡写作技巧 / (日) 照屋华子著 ; 董真真译 . -- 北京 : 北京时代华文书局 , 2024.4
ISBN 978-7-5699-5036-6

Ⅰ . ①麦… Ⅱ . ①照… ②董… Ⅲ . ①商务－应用文－写作 Ⅳ . ① H152.3

中国国家版本馆 CIP 数据核字 (2023) 第 169337 号

北京市版权局著作权合同登记号　图字：01-2020-5063

MAIKENXI XIEZUO JIQIAO

出 版 人：陈　涛
策划编辑：周　磊
责任编辑：周　磊
责任校对：陈冬梅
装帧设计：程　慧　迟　稳
责任印制：訾　敬

出版发行：北京时代华文书局 http://www.bjsdsj.com.cn
北京市东城区安定门外大街 138 号皇城国际大厦 A 座 8 层
邮编：100011　电话：010-64263661　64261528
印　　刷：三河市嘉科万达彩色印刷有限公司
开　　本：880 mm×1230 mm　1/32　　成品尺寸：145 mm×210 mm
印　　张：8.5　　字　　数：182 千字
版　　次：2024 年 4 月第 1 版　　印　　次：2024 年 4 月第 1 次印刷
定　　价：48.00 元

前 言

在商务沟通的过程中，无论是新人还是专家，“写作”是每个人都回避不了的事情，因为越是重要的事情，越需要通过书面语言来表达。

不仅如此，与谈话相比，写作是更加严谨的，也是难以蒙混过关的。如果是谈话，你可以从对方的提问和表情中发现自己表达的问题和不足，并立即对事先准备的说辞进行修改。但是，当你通过书面语言来表达时，写下的文字就是全部内容，你根本没有转圜的空间。如果你一味用晦涩难懂的文字进行表达，就会给对方带来麻烦，令其花费大量时间和精力进行“解读”，甚至干脆丧失了“解读”的兴趣，放在一边不予理会。这样一来，你和对方的工作都会陷入停滞状态。因此，在商务活动中，以简洁明了的文字解答读者心中存在的疑问，就成了商务人士的必备技能。

在本书中，我将向大家介绍一种专门用于日常工作的逻辑清晰的写作方法，即“逻辑写作法”，适用于编写方案、报告、联络信和委托书等常用文书。之前，我曾出版过《麦肯锡逻辑思考法》，专门教大家如何简洁清晰地对谈话和写作内容进行逻辑构思。本书详细阐述了在写作这一实际沟通和交流过程中，应该如何充分发挥逻辑思考法的作用。从某种意义上来看，本书也可以说是《麦肯锡逻辑思考法》的实践篇。

我一直以管理咨询领域为中心，从事语言编辑服务，具体来说，就是为商务文书的逻辑结构和语言表现提供建议和改进方案。比如在提供咨询服务的过程中，从项目方案的策划书、项目活动的中期报告到提出建议的最终报告，在形成正式文书之前，咨询顾问始终要与客户保持紧密的沟通交流。当然，咨询顾问还要适时与客户讨论，就需要搜集的信息进行沟通，并交换意见。在实际操作过程中，咨询顾问有时只需要进行口头说明就行了，但越是重要的内容，越需要准备一些文书和资料。在遇到这种需要书面材料的情况下，因项目产生的策划方案、报告、联络信和委托书等所有文书都是编辑对象。对于客户而言，文书相对更加直观清晰、容易理解，并且逻辑性也更强，是推动项目进展的有效工具，对于编写文书的咨询顾问而言，文书可以向顾客提供详细的建议和改进方案。

作为编辑对象的文书，每次的内容和主题都是不相同的。此外，需要改进的关键，比如具体应该写些什么内容、各种词语的运用习惯等，在很大程度上都会受到文书本身和编写文书的人的影响，呈现出不同的特色。此外，在许多情况下，编辑需要在有限的时间内，迅速发现问题、需要改进的关键，并高效提出改进方案。

当我还是一名新手编辑时，我最希望得到的就是一本“写作宝典”，里面包括各种写作技巧，让人一目了然地了解“只需要补充完善这些内容就足够了”。然而，令人遗憾的是，我在现实生活中并没有发现这种宝典。既然如此，我就只能边实践边学习边积累，创作一本总结个人经验的宝典……

基于这种考虑，我对自己总结的“写作宝典”进行了梳理。后来，我以此为基础，构建了面向商务人士的培训项目，并不断对其进行修订。本书中介绍的逻辑写作方法，全部是我在编辑过程中实际使用过的，是自学“简洁、清晰编写逻辑文书必备的思维方式和切入点”这一培训项目的系统性教材。

在《麦肯锡写作技巧》一书中，我充分汲取了之前出版的《麦肯锡逻辑思考法》中的重要理念。此外，在方法系统化的初始阶段，我得到了《麦肯锡逻辑思考法》的联合作者冈田惠子女士的无私支持。在本书的成稿过程中，冈田女士做出了重要贡献，我特在此对她表示衷心感谢。

按照逻辑写作的流程解说

下面，我结合本书的结构，对逻辑写作的整体概念进行介绍。

在逻辑写作时，我们可以将写作过程分为“信息的构思”和“信息的表现”两个部分进行思考。由于商务文书是推进工作顺利开展的工具，因此我们需要简洁明了地构思应该传递的信息，这一点至关重要。同时，我们只有将自己所想的信息写出来才能将这些信息发送给对方，因此将构思好的内容切实地表达出来也是不可或缺的。在实践中，我希望广大读者朋友能够兼顾上述两点，既考虑到“信息的构思”，又考虑到“信息的表现”。

本书的第1部分是**“信息的构思”**。这一部分可以分为三个阶段。

第1阶段是**第1章“构思的准备”**。在没有写作思路时，许多人往往会主观臆断，觉得自己“缺乏逻辑思考能力”或者“缺乏表现力”等。然而，在许多时候，出现问题的根本原因往往在于逻辑思考和正式表达之前的准备阶段。为了实现有效构思，我们需要认真对待“准备活动”。在第1章中，我将就“准备活动”进行介绍，希望大家了解这部分内容。

第2阶段是**第2章“正文的构思①”和第3章“正文的构思②”**。在这一阶段，我们要逻辑清晰、简明扼要地构思作为文章中心的正文部分。即使面对的是自己不熟悉的主题和信息，我们也要确保自己具有一定水准的构思能力。在具体实践中，达到这一目标的方法就是熟练运用逻辑思考技巧。

在第2章中，我将就MECE[①]原则、“So What?（那会怎样？）/Why So?（为什么是这样？）”、逻辑模型等逻辑思考方法进行概述。已经熟练

---

① MECE是“Mutually Exclusive, Collectively Exhaustive”的首字母组合，中文意思是“相互独立，完全穷尽”。

掌握逻辑思考方法的读者可以直接略过这部分内容。与之相反，想要详细了解相关内容的读者，可以参考我之前的作品《麦肯锡逻辑思考法》。在第3章中，我将以构思某个报告的正文为例，就使用逻辑思考方法的流程进行说明。我希望读者朋友可以在解读案例的过程中，了解逻辑思考的流程。

第3阶段是第4章**“导语的构思”**。所谓导语是指文章的开头，也就是读者最开始阅读的部分。在这一部分中，如果我们能提前进行说明、铺垫，就可以为读者奠定沟通交流的基础和平台，从而引导他们带着一定的理解开始阅读正文。导语部分的作用非常重要，但是当你真正以编辑为业时，你可以切实地感受到许多人完全忽视了导语的作用。在这一章中，我希望大家能够充分理解导语的功能，并掌握从读者视角出发切实梳理出导语需要的要素的方法。

本书的第2部分是**“信息的表现”**。在这一部分中，我将详细介绍如何通过文字表现已经构思好的内容。

一提到“表现”，大家或许会想到语言自身的表现。然而，在商务文书的表现中，我们应该最先考虑的却是**第5章“构思的‘可视化’”**。在这一章中，我将向大家介绍对构思进行可视化展示的方法，以期抓住文书内容的大体结构。如果我们悉心准备了精彩的内容，却因为忽视了构思的“可视化”，导致读者没有兴趣阅读具体的内容，那就非常令人遗憾了。我希望大家都能掌握将构思可视化的技术。

第6章是“信息的表达”。在编写商务文书时，我们不要过度迷恋文辞，切忌只顾格式精美或注重遣词造句。真正重要的是内容具体、简明扼要、逻辑关系表达正确。那么，我们应该如何对自己写下的文字进行检查和审视呢？在这一章中，我将列举商务人士身上容易出现并且应当避免的表达方式，帮助你在阅读本书的过程中不断思考提升自己写作能力的方法。我希望大家能够找准自己在文字表达中需要检查的要点。

在实践中孕育并用于实践的方法

如上所述，本书介绍的“逻辑写作法”是以我在编辑商务文书的过程中实际使用的思维方法为原点，进行体系化设计的产物。这是在商务交流的实践中孕育的方法，必然具有相应的特征。

第一个特征是通用性强。面对堆积如山的文书编写任务，有一点是确定的，那就是要想逻辑清晰地完成文书的编写工作，最重要的诀窍就是确保不受文书类型限制的通用性。对这个诀窍进行体系化总结的就是“逻辑编辑法”。

按照方案、报告、委托书等文书类型分类的编写方法，实用面太窄。在每次编写不同类型的文书时，我们都不得不参照不同的编写方法，应用起来实效性不强。从范文集和同类文书中搜索相似内容进行复制、粘贴的方法，往往会在寻找例文的过程中浪费大量时间和精力，只能拼拼凑凑，到头来很可能前言不搭后语。由于编写商务文书的工作往往需要与时间赛跑，因此我们最好还是能够使用通用性强的方法，至少要达到“按照这种方法总结，可以轻松理顺逻辑的效果”。

第二个特征是从“构思的准备”到“信息的表达”，按照固定流程，分阶段、分步骤进行编写。因此，我们可以明确关注范围、写作过程中应该如何改善自己的文书，以及提升技术水平的优先级等事项。

最近，越来越多的人开始关心逻辑思考和文字表达技巧。对于写作而言，这是非常重要的。但是，在完成商务文书时，还有一些值得我们关注的其他要素，比如本书的第1章“构思的准备”、第4章“导语的构思”和第5章“构思的‘可视化’”。实际上，强化这些要素可以起到立竿见影的效果，许多文书会瞬间变得简明扼要、清晰易懂。在写作过程中，我们可以从对于自己而言比较重要的阶段开始逐渐采取措施，从而真正提升我们的写作技巧。

第三个特征是“逻辑写作法”中囊括了大量对比例文，既包括常见错误例文，也包括经典范文，以便读者可以对照自己编写文书的过程，加深对“逻辑写作法”的理解。无论是构思也好，还是表现也好，晦涩难懂的内容和缺乏逻辑的内容，实际上都陷入了同样的误区。在第3章和第4章中围绕“构思”、第5章和第6章中围绕“表现”，我分别选取写作过程中遇到的具体实例展开了深入分析，并对常见错误例文和经典范文进行对比说明，力求帮助读者朋友更加深刻地理解“逻辑写作法”。

关于书中引用的例文，除了附带注释的内容以外，全部是由我自己创作完成的。

“写作”这件事需要关注的范围非常广泛。然而，如正文所述，如果对其流程进行分析，我们可以发现，实际上各个阶段需要做的事情是可以聚焦到具体的内容上的。只要严格按照规定流程进行实践，无论是谁都能熟练掌握逻辑写作的方法。如果说学习“逻辑写作法”的过程中需要些什么，我认为肯定不是与生俱来的才能和天赋，而是想要赢得对方理解的真挚心情和持之以恒、扎实训练的韧劲。

可以说，本书是在日常商务文书写作过程中用来实践“逻辑写作法”的指南，我希望广大读者能从中领悟到商务写作的诀窍，并将其充分运用到工作之中。

目　录

第 1 部分　信息的构思

第 1 章　构思的准备

第 2 章　正文的构思①逻辑思考的概观

第 3 章　正文的构思②逻辑思考的实践

第 6 章 信息的表达

第 1 部分

信息的构思

在第1部分中，我们将一起学习构思文书的技巧，也就是如何构思逻辑清晰、易于理解的信息。这种技巧不仅可以用于写作，也可以用于口头说明或者使用图解数据进行展示的情况。在具体应用过程中，我们需要特别注意两点。

第一点是具备逻辑清晰、易于理解的构思工具。如果用“构思的逻辑要清晰”之类的说法，可能会给人一种难以理解的感觉。但是，我们实际需要做的事情是很简单的，只要能说清楚一些结论就可以了，比如结论是什么。如果对方针对结论问“为什么？”，我们应该提出多少个、什么样的论据；如果对方针对论据再问“为什么？”，我们又能提出多少个、什么样的论据。在这种情况下，如果具备用于思考的工具，我们就可以高效地梳理自己的思路。在本书的第2章和第3章中，我将就这些工具，也就是“逻辑思考”是什么、应该如何使用进行详细说明。

第二点是毫不遗漏地完成逻辑思考的“准备”和“总结”。在沟通交流的过程中，为了充分发挥逻辑思考的作用，我们需要顾及“准备”和“总结”两个阶段。在交流前的准备阶段，我们需要明确应该怎样使用文书进行交流。在交流后的总结阶段，我们应该试着从对方的角度出发，重新审视自己沟通交流的方式。要想确保高质量进行准备和总结，是有一定方法的。我将在第1章和第4章中介绍具体的方法。

第1章 构思的准备

B科长对我吐槽自己的部下说："A君对待工作的态度非常积极，但他总是把握不住重点，这个也要调查，那个也要研究。结果，他写出来的报告就像流水账，完全是堆砌资料，能够吸引人注意的亮点则少之又少。他这样工作完全是浪费时间和精力，长此以往，他必将一事无成。"

不满于B科长的A君对我吐槽说："B科长布置的任务总是很含糊的，令人难以把握重点。比如他要求我写一篇关于拓展新渠道的报告，这种范围过大的题目会令人感到困惑，不知道应该如何总结，我也不知道这个报告完成后能用到什么地方。但是，我又不得不硬着头皮去写，必须在截止期限前交稿，因此我只能与海量的资料进行艰苦的斗争。"

每当我向商务人士询问"在日常业务中编写文书时令你感到困惑的事情有哪些"时，我总能听到上述声音。这些发言背后蕴含的意义是非常深刻的，与我们在编写文书时常常陷入的误区紧密相关。这个误区往往发生在掌握逻辑清晰、简单易懂的逻辑思考方法之前，也就是熟练掌握语言表达技巧之前。那么，这个误区究竟是指什么呢？我们又该如何避免深陷其中呢？我们应该先从这里入手思考问题。

1.理解商务活动中“写作”的真正内涵

写作的目的

当你开始构思文书时，无论如何，你最先要明确的都是接下来自己希望通过编写文书实现怎样的沟通交流效果。在这种情况下，你可以按照如图1–1所示的流程进行设想。既然是商务交流，不管看起来多么复杂棘手的报告、方案、请示或指示，全部可以按照“信息传递方（作者）”“信息接收方（读者）”“主题”“回答”“期待的反应”五个基本要素进行梳理。

在编写文书的过程中，必然存在作为信息传递方的作者，以及作为信息接收方的读者。

处于作者和读者之间的是接下来要编写文书的“主题”。这些主题有的是规定好的，比如“要求写关于拓展新渠道的报告”或者“要求写关于提升×产品市场占有率的报告”；有的则是由作者自主选择的，比如在提出建议和需求时，常常需要自主命题。

“回答”是针对主题的说明和论述。如果是报告的话，“回答”就是报告的内容；如果是方案的话，“回答”就是方案的内容；如果是需求文档的话，“回答”就是需求文档的内容。像上文开头部分提到的A

君那样为编写文书而苦恼不已的人，大多都是直奔主题的，非常想弄清在“回答”这部分应该写些什么，又应该如何总结“回答”。

确实，“回答”是非常重要的。但是，写文章的目的是仅仅对外传递出“回答”的内容吗？事实并非如此。在通过商务文书沟通时，如果作者只满足于向信息接收方表达出“回答”的内容，往往是难以推进工作的。在展示“回答”的基础上，作者还应该向信息接收方明确展示出自己希望对方做的事情，并引导对方做出自己期待的反应，这

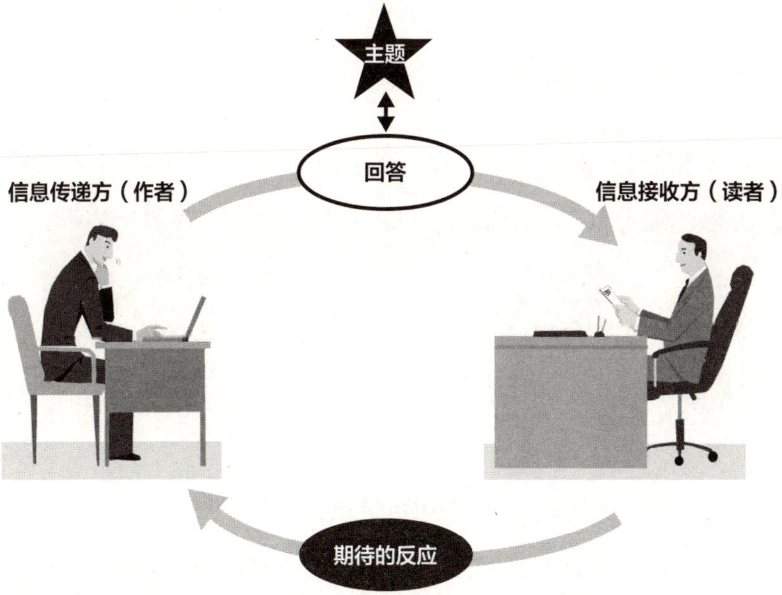

图1-1 商务沟通的机制

样才能推动工作顺利进行。这种作者希望对方做出的反应就是“期待的反应”。

如果是给上司写报告，我们希望上司读了报告之后做出的判断是“好的，就按照报告的应对措施尽快执行”。如果是给客户写方案，我们希望客户在读了方案之后能够提出下次沟通的邀请，比如“下次请就这项新服务的特色进行详细说明”。如上所述，对方身上肯定有我们希望其做出的反应。我们在工作中编写文书，就是为了激发出这种反应。可以说，引导对方做出“期待的反应”才是商务写作的最终目的。

开始写作前容易出现的陷阱

接下来，我将结合沟通机制，对前文中关于A君和B科长的案例进行分析。对照图1-1，我们可以发现A君和B科长陷入了两个误区。

第一个误区是对“主题”，也就是应该写什么的认识模糊不清。面对“拓展新渠道”这个不是很明确的主题，A君必然会感到苦恼。如果A君不能对B科长提出的这一空泛的主题进行细化，就难以给出自己的“回答”。

第二个误区是对“期待的反应”，也就是为了什么写报告缺乏掌控。A君自己也不清楚B科长在读了报告后应该给出怎样的回应。因为B科长布置的任务本身就是模糊的，所以接到任务的A君也不清楚自己期待B科长读了报告后会做出怎样的反应，只是为如何汇总“回答”而绞尽脑汁。

不难想象，在陷入这两个误区的同时，工作积极负责的A君必然会全力以赴采取行动，并在截止期限之前总结出一些内容，向B科长提交报告。实际上，在陷入“主题不清”和“期待的反应模糊”这两个误区后，如果我们还一味追求给出“回答”，往往会造成一系列误解。这也是A君写出来的东西晦涩难懂的原因。然而，在这种状态下，如果A君将写出报告本身当成是最终目的，就会导致“写出来的报告就像流水账，完全是堆砌资料，能够吸引人注意的亮点则少之又少……”。

“主题、期待的反应、作者、读者”，换句话说，“写什么、为了什么写、谁写、写给谁”四大要素是编写文书的基础。在本书中，我将这四大要素称为“沟通设计”。在为“‘回答’中应该包含哪些内容？”“应该如何组织‘回答’？”之类的问题而感到痛苦纠结之前，信息传递方应该做的事情是围绕“主题”和“期待的反应”，认真细致地确认“沟通设计”。

2.对沟通设计进行确认

对沟通设计进行确认的依据是什么呢？下面，我将结合图1–1，对确认沟通设计的关键进行分析。

我将从沟通设计的中心、主题和期待的反应开始阐释。

对主题进行确认——可以替换为多少个、什么样的“问题”

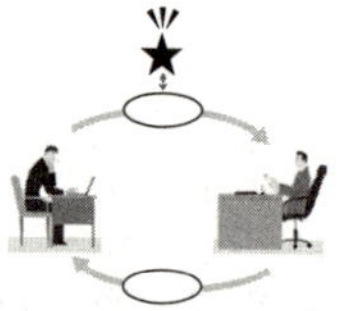

人们往往会选择“关于客户投诉的报告”“关于提高 × 产品市场占有率的报告”之类的内容作为商务文书的主题。但是，这种“关于 × ×”的表达方式却是有问题的，因为我们并不清楚关于投诉和 × 产品到底应该写些什么，对此，我们需要明确具体主题。为了实现这一目标，我们可以试着将主题替换为应该向对方回答的“问题”。

当然，在不同的文书中，“问题”的内容也千差万别。那么，如果粗略进行分类，“问题”究竟可以分为多少类呢？在商务领域，以“关于提高 × 产品市场占有率的报告”为例，在这一主题下，最终往往需要说明提高 × 产品市场占有率的策略或者进一步提升销售额的策略。在阐述这些策略时，大体可以包括三类问题，分别是“现状究竟如何”“存在的问题是什么”“应该采取的措施是什么”。

下面，我将结合这三类问题，以“关于提高×产品市场占有率的报告”这一主题为例，具体进行分析。

	【问题】		【回答】
问题①	“×产品市场占有率的现状如何？”	→	“现状是……”
问题②	“导致×产品市场占有率低迷的原因是什么？”	→	“原因是……”
问题③	“能够提高×产品市场占有率的方法有哪些？”	→	“提高×产品市场占有率的方法是……”

问题①的回答是针对“×产品市场占有率现状”的说明。问题②的回答是作者对“×产品市场占有率低迷”这一现象暗含哪些原因的思考，可以说是作者对原因的认知。问题③的回答是用来提高×产品市场占有率的具体措施。

再举一个例子，比如你在接到客户Y公司的投诉后，需要写邮件向上司汇报情况。你可以结合上文提到的三类“问题”，试着将这一主题替换成“问题”。

【问题】		【回答】
“到底发生了什么事？”	→	“实际发生的情况是……”
“客户的诉求是什么？”	→	“客户的诉求是……”
“导致投诉的原因是什么？”	→	“目前存在的问题是……”
“应该采取的应对措施是什么？”	→	“应该采取的应对措施是……”

在这个例子中，我们可以将“现状究竟如何？”这一问题，分为“到底发生了什么？”和“客户的诉求是什么？”两个问题。

这样一来，如果我们将主题替换为“问题”，首先，我们需要意识到的可能就是自己要做的并不是完成想写的或者是能写的内容，而是“针对‘问题’进行回答”；其次，通过将主题替换成“问题”，我们可以明确应该提前准备多少种回答，以及应该着眼于哪个“问题”进行准备。当然，正如“×产品的现状报告”那样，在有些案例中，我们从开始就要聚焦主题，应该回答的问题只有“×产品的现状如何？”一个问题。与之相对，正如上文内容所述，有些案例需要将主题替换为多个“问题”。在这种情况下，如果能对期待的反应、作者（信息传递方）和读者（信息接收方）进行确认，就可以真正明确究竟哪个“问题”是特别重要的。

对期待的反应进行确认——你到底希望读者做什么

在确认主题之后，我们接下来将向读者确认“期待的反应”。

在读完邮件和文书之后，读者可能会觉得“既然如此，我应该怎么办呢？”“这只是供我参考吗？我是不是应该做点什么？”，从而想要进一步明确相关事项。如果读者是这么想的，那就说明这份文书并没有向读者传递出“期待的反应”，只不过是写完“回答”就结束了。这样的话，我们就无法实现预期的效果，得不到迅速回应，工作也难以高效推进。当然，对于读者而言，这就变成了一种无效沟通，成了额外的负担。

沟通交流的场景不同，“期待的反应”承载的内容也千差万别。但是，大体来看，可以分为如图1-2中所示的三种类型。在充分考虑希望从读者身上得到“赢得理解”“给出反馈”“推动行动”中的哪种反应的基础上，我们再根据情况选择具体的内容。

比如“关于提高×产品市场占有率”的报告。针对作为报告对象的上司，如果我们期待的反应只是上司“了解报告内容”，恐怕是难以称得上具体的。我们要明确，是希望上司表态对提高×产品市场占有率的措施大体满意，具体要看今后的情况再决策，还是希望对方释放立即采取行动提高×产品市场占有率的信号。

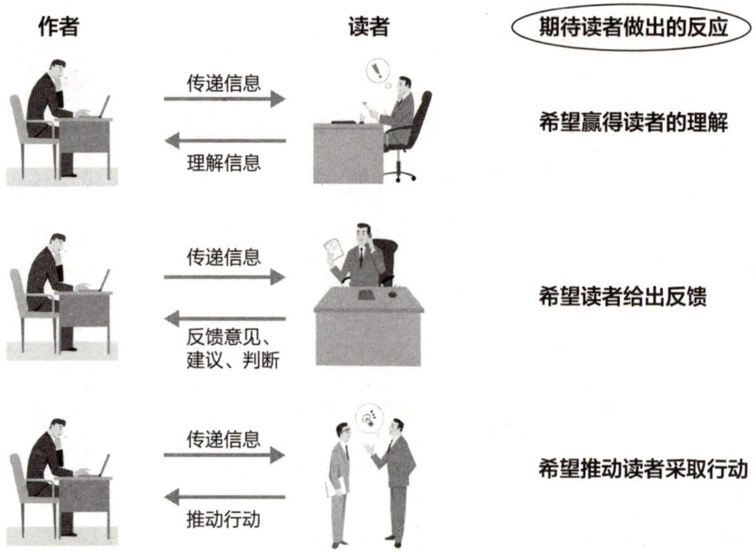

图1-2 期待读者做出的反应的三种类型

此外，在上文中提到的汇报客户投诉邮件的案例中，作为作者的部下希望读完邮件的上司做出什么样的反应呢？比如作为作者，存在“希望自己已经采取的措施和今后计划推行的举措得到认可；为了与相关部门合作共同研究避免发生类似事故的对策，想要呼吁责任部门引起注意”的基本意图，以及“推动相关部门采取措施”的行动诉求。

我们就具体分析到这个层面。

从期待的反应出发来看主题

如果对“期待的反应”进行具体分析，我们就会发现，在将主题拆分为若干个“问题”的情况下，我们可以真正掌握应该围绕哪个问题进行说明的诀窍。

比如在编写自己公司推出的Y服务的策划方案时，虽然我们最终期待客户给出的反应是引进Y服务，但是我们在销售过程中的不同阶段期待的具体反应是各不相同的。在接触阶段，我们希望对方能够认同、理解自己公司提供的Y服务，觉得“咦，竟然还有这种服务”“与同类服务相比要好许多”；在谈判阶段，我们则希望听取对方引进Y服务的条件和存在的关键问题。

下面，我将策划方案的主题替换为四个问题：①Y服务的特征是什么？②Y服务的预期效果是什么？③引进Y服务的方法是什么？④引进Y服务时的注意事项是什么？我们期待的反应不同，应该关注的重点问题也不相同。如果我们想吸引对方理解、认同Y服务，就要先对问题①和②进行充分说明；如果客户对于引进Y服务的必要性完全没有概念，那么我们就不需要重点关注问题④了；如果我们希望了解对方关于引进Y服务的真实想法，我们就应该结合其他公司引进Y服务的实际情况，将关注的重点放在问题③和④上。

如果想真正了解“主题”和“期待的反应”，我们应该提前对“读者”和“作者”进行确认。

对读者进行确认——是否存在“潜在的读者”

在确认读者的时候，我们需要注意一点，那就是是否存在“潜在的读者”。比如在向客户提交策划方案时，直接的读者是负责人C君。C君对于策划方案的态度越积极，其向上司D部长和相关部门反映情况并进行探讨研究的可能性就越大。对于了解客户“期待的反应”而言，隐藏在C君背后的D部长和相关部门的关键成员等，也就是所谓的“潜在的读者”是至关重要的。我们需要提前确认是否存在这些潜在的读者。

从读者的角度出发来看主题

在对读者进行确认后，我们需要重新审视读者对于主题的关注和担忧事项。针对替代主题的“问题”，我们需要明确这是不是读者希望回答的。如果存在多个“问题”，我们需要思考在这些问题中，是否存在读者关注的事项或者是否存在读者感到担忧的问题。

在上文提到的关于汇报客户投诉邮件的案例中，面对“到底发生了什么事？”“客户的诉求是什么？”“导致投诉的原因是什么？”“应该采取的应对措施是什么？”等一系列问题，接到汇报的上司真正关注的问题究竟是哪个呢？

从上司的角度来看，正确说明“到底发生了什么事？”“客户的诉求是什么？”可能是理所当然的事情。他可能会重视“为什么会发展到出现投诉的局面？”这一课题，以评估我们对问题的认识。如果无法把握这一点，上司就无法判断我们思考的应对措施是否合理。有鉴于此，我们需要对“出现投诉的原因是什么？”进行充分说明。

对作者进行确认——文书的发送者是谁

这里所谓的作者实际上就是文书的发送者。在商务领域，我们有时也会被要求编写以部门负责人或上司的名义发送的文书。在这种情况下，作者就变成了部门负责人或上司。

即使针对同一主题进行说明，也会出现由于文书发送者在组织中的立场不同，导致说明的角度发生变化的情况，比如是从公司全局的立场出发，还是从某个领域负责人的立场出发。此外，根据立场不同，还会出现详略不 的情况，比如这里应该重点说明，相反那里应该简要带过。换句话说，我们应该根据从什么角度出发以及希望围绕哪些内容进行说明，设定最为适合的信息发送者身份。

从作者的角度出发来看主题

比如我们准备面向自己公司的代理商起草文书，计划的主题是要求代理商配合提升产品和服务质量。在这种情况下，我们可以将“主题”分解为下述三个问题：①致力于提升产品和服务质量的背景是什么？②计划的目的和大体情况是什么？③希望代理商采取的措施包括什么？

在一般情况下，应该是销售部部长向代理商发送指令事项相关文书的。然而，此次事项是由销售总监亲自发送的。因此，在具体操作时，关于问题①和②，要从公司整体的角度出发，对这一计划对于公司经营而言的意义进行充分说明，并赢得代理商的理解和支持。关于问题③，仅由销售总监对整体计划进行简要说明即可，详细的整改措施则由销售部部长具体传达。

如上所述，对“主题”“期待的反应”“作者”“读者”四个沟通设计的要素进行确认，无非是想明确信息传递方应该怎样进行沟通交流的具体方法。这是传递信息的第一步，不仅适用于起草文书，也适用于口头表达的情况。

3.培养构思的整体概念

构思的原则

在对沟通设计进行确认后，我们自然需要与读者共享相关信息。只有充分理解“写什么、为了什么写、谁写、写给谁”，我们才能令读者感到认同，觉得“好吧，可以试着读一下这份文书”。这样一来，双方才真正具备了沟通交流的基础。

在文书中，向读者说明沟通设计的部分相当于“导语”，也就是“引论”。引论内容简短，位于文书的开头部分。位于引论之后，针对主题进行“回答”，并对结论和论据进行逻辑清晰、简明易懂说明的部分是“正文”。

文书的中心当然是“正文”，也就是主体。但是，对于读者而言，通过文书进行交流却是从“引论”开始的。如果引论部分的内容缺乏说服力，没有给人留下任何印象，对于读者而言，就会有一种与对方聊不来的感觉。可以毫不夸张地说，“引论”是否具有说服力是读者是否产生沟通意愿，也就是读者是否愿意与作者进行交流的关键。对于之前不够重视引论作用的人而言，请务必端正认识，认真阅读第4章的内容。

“引论”和“正文”组合在一起就是文书所要传递的全部信息。无论是篇幅长的文书还是篇幅短的文书，都是由“引论”和“正文”构成的。这就是逻辑写作构思的原则。

构思的诀窍

针对沟通设计的确认，实际上是一种准备活动，目的是了解、掌握接下来将要构思的引论和正文的整体情况。

沟通的基本要素和文书的构思之间的对应关系，如图1–3所示。

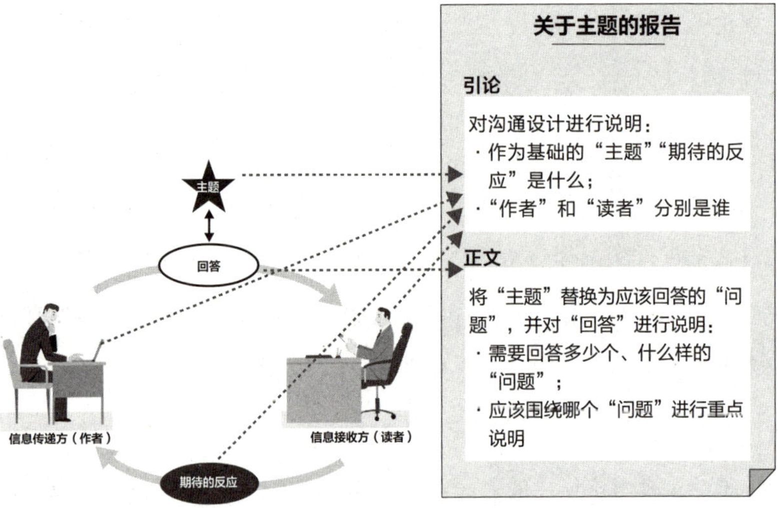

图1–3 沟通的基本要素和文书的构思之间的对应关系

对沟通设计进行说明的部分是引论。关于引论，通过对沟通设计进行确认，我们可以大体勾勒出文书的主旨。在引论中，“写什么、为了什么写”等“主题”和“期待的反应”是基础。从构思的逻辑关系来看，引论理应放在正文之后，但是如果一开始就掌握了主旨，便可以从读者的角度出发对内容进行审视，有利于尽快形成终稿。从这个角度来看，可以说信息的构思是始于引论的，也是终于引论的。

此外，关于正文，在明确了沟通设计后，我们就可以对基本构思有一个大体的印象。

构思的真正出发点是将主题替换为“问题”。比如在上文的案例中，我们可以试着将“关于提高 × 产品市场占有率”这一略显平淡的汇报主题，替换为三个问题，即问题①：现状究竟如何？问题②：存在的问题是什么？问题③：应该采取的措施是什么？通过对期待的反应、读者和作者进行确认，我们可以掌握应该提前准备多少个针对这些问题的回答，并明确哪个才是应该重点回答的问题。

如果你希望作为汇报对象的上司产生的“期待的反应”是“先理解现状和存在的问题，并同意提高 × 产品市场占有率的大体方案”，那么我们就要将重点放在问题①和②上，针对问题③的说明可以简要把握，只阐述基本方针即可。如果我们已经就现状和存在的问题与上司达成了基本共识，期待对方产生的反应是“批准具体执行提高 × 产品市场占有率的措施”，那么我们就应该将关注的重点锁定在问题③上。

我们还需要从读者的观点出发对应该详细说明的问题进行确认。比如在上述案例中，如果上司已经了解了问题①和②，目前最关心的就是问题③，那我们就应注意把握详略，对问题①和②点到即止，对问题③要进行详细说明，有时甚至可以略过问题①和②，直接切入问题③。

顺便提一下，在现实工作中，我们往往会遇到对方关注的“问题”与我们期待引出的重要“问题”不匹配的情况。比如从我们的角度而言，为了赢得上司的支持，让上司批准执行提高 × 产品市场占有率的措施，我们希望将重点放在问题③上。但是，上司关注的却是采取行动之前的问题②。在这种情况下，我们先要再次审视自己的行为，反思是否存在不顾忌对方的感受，抢先提出自己期待反应的问题；针对对方关注的问题②，我们要预先进行说明。不仅如此，我们还要深入思考是否需要向上司进一步解释，为什么需要批准执行此次提高 × 产品市场占有率的具体措施，并将对方关注的重点吸引到问题③上，这一方法也是非常奏效的。

同时，既然读者是对 × 产品非常熟悉的具体负责人，针对问题③的说明，就必须充分准备，确保详细程度符合负责人的知识背景。只有这样，我们才能赢得对方的理解和支持。比如当你设想在执行新措施方面存在问题时，除了要阐述新措施外，还要涉及解决问题的具体方法。

综上所述，从期待的反应、读者、作者等不同角度出发，对主题进行深入思考是非常有意义的。因为通过对主题进行多角度分析，有利于读者更加充分地理解和认同主题。对于作者而言，这样也能更好地把握正文的大体轮廓，以期达到激发读者做出“期待的反应”的理想效果。

* * *

如果“写什么、为了什么写、谁写、写给谁”等沟通设计具有一定的暧昧性和模糊性，那就容易成为滋生晦涩难懂的文书的温床。在此，我特别希望大家注意的是一个陷阱，那就是在“写什么、为了什么写”，也就是文书“主题”和读者“期待的反应”不明确的状态下，贸然开始推进编写文书的工作。在尚未充分考虑清楚、时机尚未成熟、条件尚不充分的情况下，擅自做出决定并付诸行动，是应该坚决避免的冒险行为。

我们先要严谨、细致地确认主题、读者期待的反应、作者、读者等沟通设计。这是因为我们要对文书接下来的行文有一个整体的构思。作为引论基础的文书“主题”和“期待的反应”是什么？在正文中，我们应该将主题替换为什么样的“问题”？如果存在多个需要回答的“问题”，我们应该将说明的重点放在哪个问题上？通过对这些问题进行确认，我们可以准确把握构思的大体轮廓。

在本章中，我围绕构思的准备进行了细致阐述，乍一看与写作之间存在一定距离。但是，在写作过程中，要想构思出逻辑清晰、易于理解的文书，这些都是不可或缺的必要准备。俗话说，欲速则不达，在逻辑写作领域也是如此。只有经过充分准备并确定引论之后，我们才能开始构思文书的核心部分——正文。

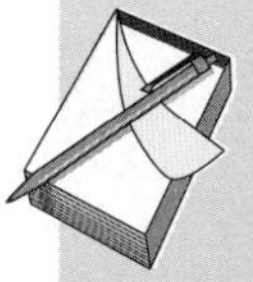

专　题
对行动措施进行说明时应包含的“空—雨—伞”框架

在商务领域进行沟通时，我们经常需要提出或传达解决问题的措施。在我曾经任职的麦肯锡公司日本分公司，咨询顾问将对措施进行说明的沟通内容比作“空—雨—伞”。

在说明是否应该做出带“伞”这一行动的情况下，我们必须对“空”和“雨”进行说明。“空”是作为行动大前提的情况说明，比如“天空一片晴朗，万里无云”或者“头顶的天空阳光明媚，但是西方的天空乌云密布”等。无论是对于传递信息的人而言，还是对接收信息的人而言，这个前提是大家都能看到的客观事实。“雨”是针对判断做出的说明，比如作为信息传递方，是倾向于“今天会下雨”，还是“今天不会下雨”，从而决定是否带“伞”。在解决实际问题的过程中，判断的内容就是应该解决的课题，反过来看，这又是难得的机遇。只有具备了“空”和“雨”，才能令对方充分理解带“伞”的行为和措施。

如上所述，通过精心设计，用简单的符号来表示“事实是什么？”“存在的问题是什么？”“措施是什么？”的做法是非常有意思的。在进行讨论的时候，“今天并不是要讨论‘雨’和‘伞’，而是应该就‘空’达成共识”“现在讨论的是对‘空’和‘雨’进行区分”等就成了让沟通交流变得顺畅的方法了。

第2章
正文的构思①
逻辑思考的概观

正文是文书的核心，主要用来“回答”需要说明的“问题”。我们应从多条信息和分析结果中，构思逻辑清晰、简单易懂并易于读者理解的“回答”。如果单凭感觉和既有经验去做，我们写出的文书将很难达到理想的效果。为了厘清思路，逻辑清晰地完成构思，我们需要充分发挥那些简单、实用的工具的作用。

在这里我推荐大家使用逻辑思考法，这种方法要用到MECE原则、“So What?/ Why So?”、逻辑模型三种思考工具。在本章中，我将就逻辑思考法进行简要说明。

需要详细了解和深入学习逻辑思考法的读者朋友，可以参考拙作《麦肯锡逻辑思考法》，里面有详细的说明。

1.正确理解“逻辑性”的意思

所谓“逻辑性”究竟是指什么呢？

下面，我们将尝试对图2-1和图2-2进行对照分析。

这两幅图中的相关内容都来自为举办会议和研讨活动等提供服务的“会议支援服务”企业的宣传资料。其主要内容是会议支援服务对客户而言的优点的汇总结果。与图2-1相比，图2-2的内容更加直观，

会议支援服务的优点

①可以最大限度地减轻秘书处的工作量。
②实现高效召开会议的目标。
③为节约成本提供支援。
④代行处理与会议相关的所有会计业务。
⑤针对交通工具的选择和换乘提供经济实惠的方案。
⑥提供与会议主题相契合的场馆、设备，并营造会场氛围，确保会议高效进行。
⑦提供与会议主题相契合的充满创意的议程方案。
⑧提供与会议主题相契合的充满创意的活动方案。
⑨配备相关领域的优秀翻译人员。
⑩对长期合作企业提供折扣。
⑪向参会人员代收并管理会议费。
⑫代替秘书处处理会议策划、运营和善后处理等事务。
⑬代替秘书处处理一系列事务。

处于罗列信息的状态

图2-1 内容晦涩难懂的案例

会议支援服务的优点一目了然，更便于大家掌握关键因素。那么，两者之间的区别体现在哪里呢？

在图2-1中，按照顺序罗列出了会议支援服务的各种优点。虽然其中包括了许多很有吸引力的优点，但令人遗憾的是，最终的描述并没有从整体上说明有哪些类型的优点，令人难以在短时间内了解会议支援服务的整体情况。

此外，在罗列的优点中，还有一些是重复表述的。比如“⑫代替

会议支援服务的优点

□**有利于削减成本**
对长期合作企业提供折扣
针对交通工具的选择和换乘提供经济实惠的方案

□**有利于节省会议负责人的时间和精力**
从会议策划到运营和善后处理的各个阶段，都能代行秘书处的职能
代行处理与会议相关的所有会计业务，包括向参会人员代收会议费

□**有利于更高效地召开会议**
提供与会议主题相契合的场馆、设备，并营造会场氛围
提供充满创意的议程方案和活动方案
配备相关领域的优秀翻译人员

· 对信息进行分组归类，确保不重复、不遗漏，不产生具体层面的语义偏差
· 明确体现每组的具体优点

图2-2 内容简洁明了的案例

秘书处处理会议策划、运营和善后处理等事务”和“⑬代替秘书处处理一系列事务”可以归为一点，那就是“从会议策划到运营和善后处理的各个阶段，都能代行秘书处的职能”。

不仅如此，在每个优点的具体性方面，也存在一定的偏差。在图2–2中“⑤针对交通工具的选择和换乘提供经济实惠的方案”“⑩对长期合作企业提供折扣”“③为节约成本提供支援”被归为同一个层面，这意味着三者之间是并列关系。但实际上，因为具备了⑤和⑩两个条件，③才成立，因此三者之间并不是并列关系。

与图2–1相比，图2–2中的宣传资料主要存在两大差异。

一是图2–2中的宣传资料并没有逐个罗列会议支援服务的优点，而是将其归纳为三类。在这三类优点中，没有重复的内容，并且列举的具体优点也非常贴切，不存在偏差。如果不存在遗漏的话，客户可以享受到的优点就包括这三类，读者可以通过图2–2轻松掌握这些信息。

二是明确展现了三类优点最终体现在哪里，比如“有利于削减成本”“有利于节省会议负责人的时间和精力”“有利于更高效地召开会议”。

综上所述，是不是可以说按照图2–2进行总结时，读者更容易把握会议支援服务优点的整体情况呢?

不是单纯地罗列，而是对说明内容进行分类，并且明确分类信息的本质，也就是最终展现出来的结果是什么，这两点才是逻辑构思的基础和关键。

2.掌握从逻辑上梳理思维的工具

如何对说明内容进行分类，并从中发现本质呢？在这一过程中，我们可以用来梳理思路的工具就是MECE原则和“So What?/ Why So?”。运用这些思考工具是逻辑思考的基本方法，有利于逻辑清晰、简洁明了地进行构思。下面，我们先来了解一下MECE原则和“So What?/ Why So?”。

MECE原则——不重复、不遗漏地正确分类的框架

在对某个事项、概念或复杂的信息进行说明时，为了更好地理解、掌握整体情况，我们需要对说明对象进行不重复、不遗漏的分类。这就是MECE原则的思维方式，如图2-3所示。这个概念被提供管理咨询服务的麦肯锡公司广泛应用。

使用MECE原则整理说明内容，就是对说明内容进行分类，将其从冗杂混乱、按照不同顺序罗列的状态，梳理成为不重复、不遗漏，并且具体层面不存在偏差的状态。

按MECE原则分类的三种方式

当使用MECE原则对信息进行分类时，我们大体可以按照以下三种方式进行分类。

MECE原则将某个事项或概念，当成不重复、不遗漏的集合

Mutually Exclusive（ME），Collectively Exhaustive（CE）
（互相独立）（完全穷尽）

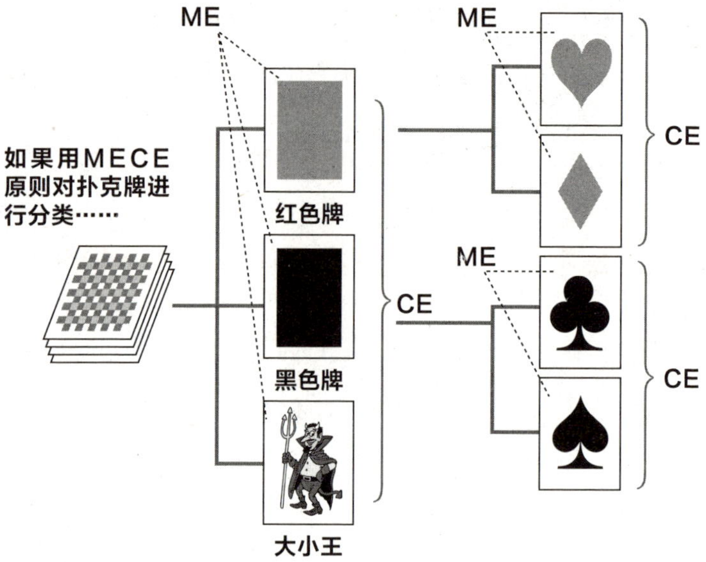

图2-3 运用MECE原则进行分类

○方式1 按要素分类

将整体分解成为构成要素。比如将人类分为男性和女性，或者按照性别或年龄等对客户进行分类等。在这种情况下，有些分类可以被证明是符合MECE原则的，比如将人类分为男性和女性就不会有重复和遗漏。有些分类则无法被证明是不重复、不遗漏的，但是可以进行约

定，比如将经营领域限定在某一范围内，基本不会出现重大遗漏或重复等。下面，我将介绍一个商务交流中经常会用到的非常实用的运用MECE原则的框架。

3C分析法①是一种用于了解自己公司现状的分析方法。运用3C分析法时，我们可以站在“Customer（市场和客户）”“Competitor（竞争对手）”“Company（自己公司）”的角度，对自己公司的现状和经营业务概况进行整体分析，发现并提出解决问题的方法和改进措施。当然，在市场中，既包括竞争对手，也包括自己公司。这里提出的针对“市场和客户”的说明，主要是聚焦市场整体和客户的动向，针对个别情况，有时也会围绕“竞争对手”和“自己公司”进行说明，这是使用3C分析法的前提和基础。

此外，还有一种名为4P②的市场营销组合框架，主要用来对指定的客户群体实施广义营销，提供产品和服务，说明应该以什么价格（Price）、用什么促销方法（Promotion）、通过什么销售渠道（Place），将具有怎样特性的产品和服务（Product）推销出去。

---

① 3C分析法是对“市场局面如何？”“自己公司有哪些优势？”“竞争形势如何？”以及各种要素进行分析，然后在此基础上，发现并提出解决方法和改进措施的分析方法。3C分析法是20世纪80年代由大前研一提出的。3C是指Customer（市场和客户）、Competitor（竞争对手）和Company（自己公司）。

② 4P是指产品和服务（Product）、销售渠道（Place）、价格（Price）和促销方法（Promotion），表示市场营销组合，是由美国营销学家杰罗姆·麦卡锡提出的。

○方式2 按阶段分类

这是一种对事物从起点至终点的全过程按照阶段进行分类的思维方法。比如将“产品送达客户”视为终点，按照“技术”“生产”“销售”“售后服务”等功能环节，对制造商的业务流程进行分阶段分析，就是按阶段分解的思维方法；按照Plan（计划）、Do（执行）、Check（检查）、Action（调整）的业务实施流程按阶段进行划分；按照时间轴将事物划分为“过去”“现在”“未来”，并进行总结说明。

○方式3 从对照概念出发把握事物的两面性

我们可以试着思考一下向上司说明业务改进方法时的情形。如果我们只是从采纳这种改进方案能在多大程度上提高相应业务效率的角度来说明，上司是难以判断这一方案到底是好还是坏的。实际上，我们还要考虑到效果，比如这个方案到底能在多大程度上满足客户需求、会对员工满意程度造成怎样的影响等，这些都是不可或缺的。面对这种情况，我们就要兼顾效率和效果，从这两个方面进行说明。

正如上文提到的效率和效果，在现实生活中，很多事物是存在着对照概念的，只有从相互矛盾的两个方面出发，我们才能从整体上把握事物的全貌。比如“质和量”“事实和判断”等，人们还可以从“技术（Skill）和主观能动性（Will）”两个方面出发，综合判断一个人的能力。使用对照概念对说明内容进行分类，也是运用MECE原则的一种方式。

运用MECE原则对信息进行分类的三种方式，如图2–4所示。

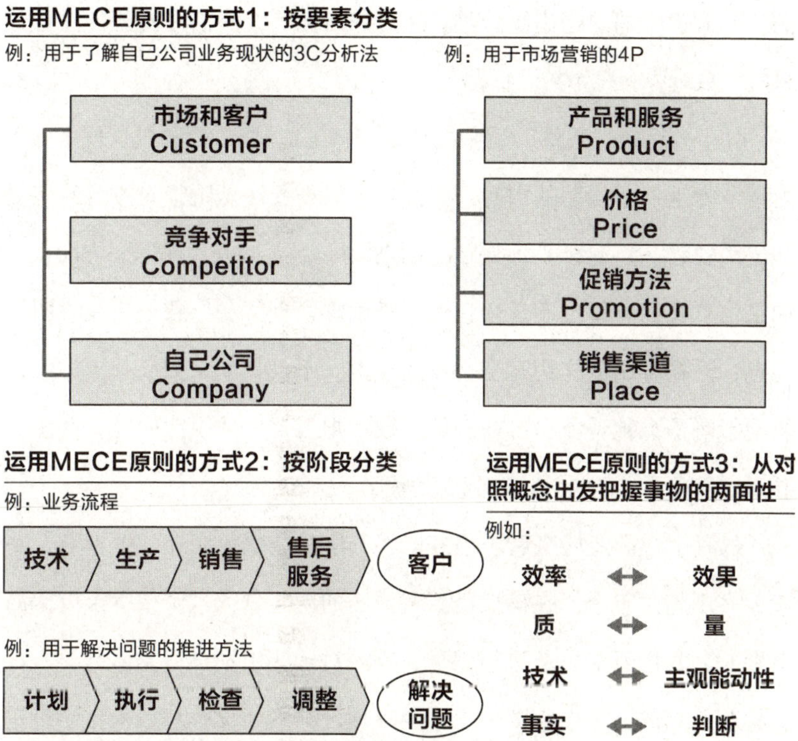

图2–4 运用MECE原则的方式及需要牢记的切入点

分组的“数量”和每组的“标题”是至关重要的

我们应当在头脑中提前熟悉运用MECE原则的三种方式和具体案例，并对说明的内容进行分类。在这种情况下，我们需要充分注意分组的“数量”和每组的“标题”。

关于分组的“数量”，我们之所以用MECE原则进行分组，就是为了简洁清晰地展示说明的内容。因此，我们需要注意选择对方容易接受和记忆的数字。不管多么强调MECE原则，对于接受说明的一方而言，如果信息被切分得过于琐碎，就会感到难以理解，导致记不住说明的要点，这样分组的作用就变得不明显了。不仅如此，如果分组过细，还会影响信息传递方自己的理解，难以把握自己的说明中究竟有多少要点，以及要点的具体内容到底是什么。

从我个人的经验来看，最好能将分组的数量控制在三个左右，一般最多不超过五个。在确实需要将说明的内容划分六个或六个以上的组别时，我们不能贸然进行细分，要先对这些组别进行大体归类，设想将其总结成三个左右的大组时会出现怎样的情况，然后根据结论进行思考。

此外，在分组之后，我们必须添加“标题”。在这种情况下，我们需要明确自己是基于什么考虑进行分组的，也就是要体现出切入点。比如当我们以“竞争对手新开发的Z产品的市场营销情况”为主题编写报告时，我们可以运用4P市场营销组合框架将调查结果分为四组，如

图2–5所示。在这种情况下，我们分别对四个组冠以小标题，即“关于Z产品特性的信息”“关于Z产品价格的信息”“关于Z产品销售渠道的信息”“关于Z产品促销方法的信息”。在报告的具体文字中，这四部分内容就是四个“标题”。

运用MECE原则对Z产品的市场营销情况进行说明的实例

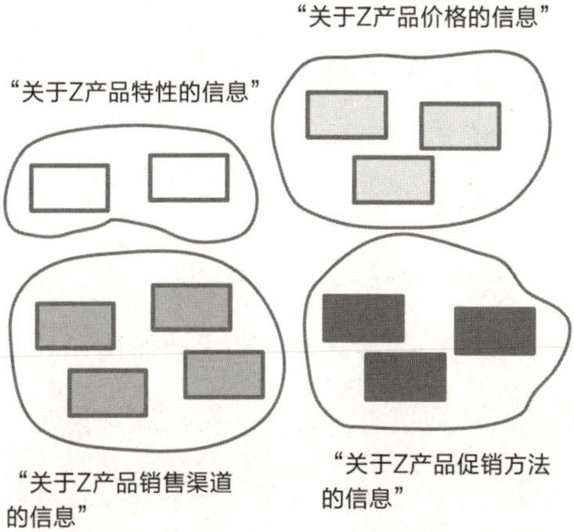

· **注意事项1 “数量”**

分组的数量应该是对方容易接受和记忆的，以2～4个为宜

· **注意事项2 “标题”**

向对方明确自己是基于怎样的观点进行分组的、MECE原则的切入点是什么

图2–5 按照MECE原则分组时的注意事项

我们应当按照MECE原则对说明内容进行分组，并为每个小组命名“标题”。这样一来，我们就可以更加轻松地发现具体的说明框架。

"So What?/ Why So?"——正确推导究竟是怎么回事的框架

在按照MECE原则进行分类的基础上，为了进一步明确说明内容，我们需要从来自各分组的多条信息中，提炼出"到底是怎么回事"的本质问题，并对外展示出来。

上文中提到的"到底是怎么回事"就相当于"So What?"。从多条信息中提炼出"到底是怎么回事"的问题并做出回答，同时提炼出应该说明内容的本质，这就是"So What?"。

"So What?/ Why So?"，如图2-6所示。

比如在会议中，当我们用"因此……最终……可以说……"的形式进行总结时，实际上就是从"因此……最终……"之前所论述的信息中，提炼出了重要的实质内容，确保能够"回答"自己应该说明的"问题"。此时，在"因此……最终……"后面说明的部分，就是对此前信息进行"So What?"处理后的内容。

在这里，我们需要注意针对经过"So What?"处理后的内容进行分析，明确"为什么可以这么说"，并与原始信息进行对照，证明得出的结论确实是成立的，这一点是至关重要的。这种对"为什么可以这么说"进行验证的方法就是"Why So?"。通过这一过程可以证明经过"So What?"处理后的内容并不是信息传递方的执念或错觉，而是能够通过原始信息进行确切说明的结论。如果这一验证过程不严谨，就无法回答对方“为什么？”的疑问，得出的结论也就难以令人信服。

“So What?”

这是指从手头的全部信息或者经过分组后的要素中，提炼出应该说明的问题的本质

“Why So?”

这是指运用手头的全部信息或者经过分组后的要素，对证明经过“So What?”处理后的要素具有的合理性进行验证

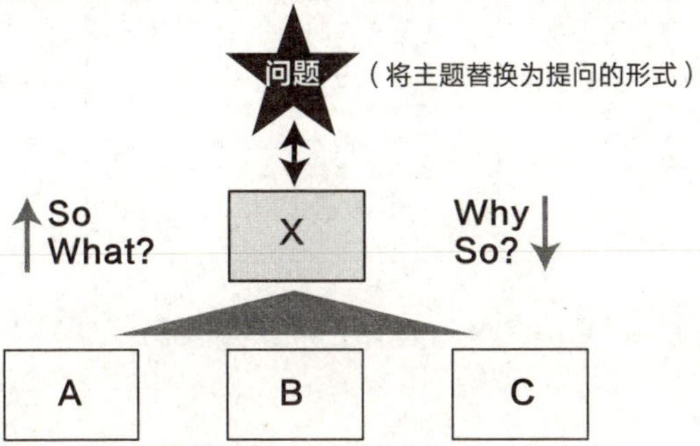

图2-6 “So What?/ Why So?”

“So What?/ Why So?”的具体案例，如图2-7所示。

下面，我将结合图2-6，对“So What?/ Why So?”的关系进行分析。为了将按照MECE原则梳理的信息A、B、C转化为设定“问题”的“回答”，运用“So What?”进行处理，得到的就是信息X。在这种情况下，

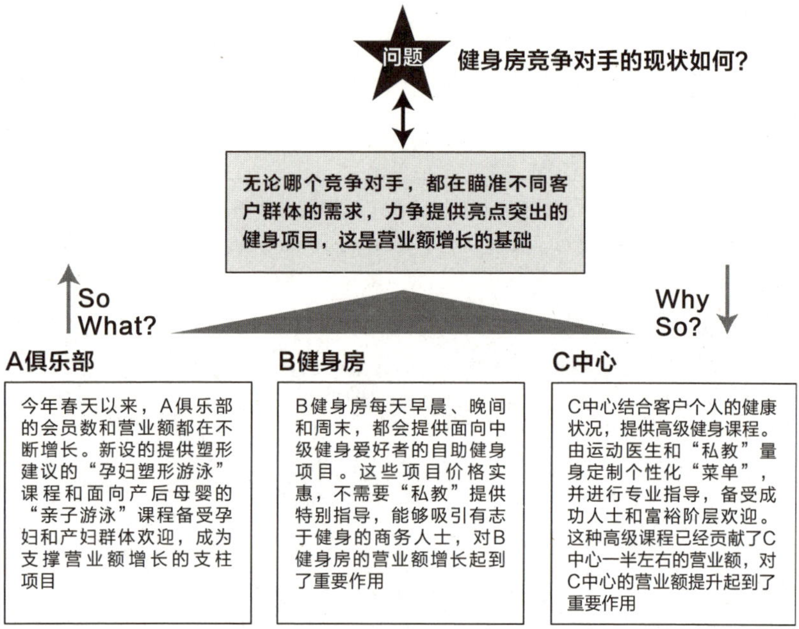

图2-7 “So What?/ Why So?”的具体案例

如果“问题”是针对现状进行询问的内容，那么X就变成了针对现状的说明。如果“问题”是“存在的问题是什么？”，那么X就变成了针对存在的问题的说明。如果“问题”是“应对措施是什么？”，那么X就变成了针对应对措施的说明。与此同时，在运用“Why So?”对X进行自问自答式的验证时，如果具备三条信息A、B、C，则X就成立。此时，如果我们想对X进行说明，则信息A、B、C必须符合MECE原则，这是前提和基础。

在图2-7列举的例子中，假设你正在开展关于健身房的业务调研，需要对附近的竞争对手现状进行详细调查，并向上司进行汇报。图2-7是按照“So What?/ Why So?”的思维方式，对关于竞争对手现状的说明内容进行梳理后的结果。健身房的竞争对手主要包括：A俱乐部、B健身房和C中心。图中列举了针对各个竞争对手现状的说明内容。“So What?”是指，从三条信息中推导出重要证据，能够针对“竞争对手现状如何？”这一“问题”给出正确“回答”。经过“So What?”梳理后的内容是“无论哪个竞争对手，都在瞄准不同客户群体的需求，力争提供亮点突出的健身项目，这是营业额增长的基础”，其层次是高于三条信息的。如果对说明内容进行自问自答式的验证，你就会发现，结合A俱乐部、B健身房、C中心的说明，其确实是成立的。

针对A俱乐部、B健身房、C中心的说明，如果能正确地进行“So What?”处理，无论是通过书面表达出来，还是通过口头叙述，对方都可以迅速地把握说明的本质。

如上所述，在明确说明证据的基础上，对多条信息进行梳理，我们可以确保当被问到“Why So?”时，能够立即提供论据，这就是“So What?/ Why So?”的思维方式。

按照MECE原则进行分解是指对同一维度的说明内容不重复、不遗漏地正确分类，并明确彼此之间的相关性，目的是明确说明内容的横向关系。

“So What?/ Why So?”是指对同一维度的说明内容进行汇总归纳，并正确提炼出相应证据的过程，目的是明确说明内容的纵向关系。

我们再回顾一下前文的图2-1和图2-2，可以说对会议支援服务优点进行说明的两个案例之间的区别就在于，是否通过MECE原则和“So What?/ Why So?”两种工具对横向与纵向的关系进行梳理、分析。

正如上述关于会议支援服务优点的案例所示，如果需要说明的内容不多，我们只需要使用MECE原则和“So What?/ Why So?”两种工具，就可以简洁明了地总结出论点了。

3.掌握从逻辑上进行构思的工具

然而，当我们为如何构思商务文书而感到困扰时，我们应该向读者说明的内容就有些复杂了。针对结论，我们需要对许多论据进行综合分析，明确逻辑关系。在这种情况下，我们最好能够掌握说明的框架和模型，确保这样构思后进行整体说明时会更有条理，如果我们能将其固化为逻辑构思的模板，将会显著提高我们的写作效率。

下面，作为说明的模板，我将向大家介绍逻辑模型。逻辑模型是基于MECE原则和“So What?/ Why So?”两种工具，对结论和相关支撑论据进行构思的。

逻辑的基本结构

我们要先理解逻辑是什么、其基本结构是怎样的。“逻辑的基本结构”是指对“结论”（针对某个“问题”进行回答的核心内容）及其支撑“论据”之间的关系进行定位，以此形成的一个结构。问题是如何对多个论据之间的关系进行定位，我在这里将使用上文介绍过的MECE原则和“So What?/ Why So?”。关于逻辑，可以按照以下方式进行定义。

逻辑的定义

逻辑是指按照横向和纵向两个原则，对回答问题的结论和多个论据进行结构化的思维方式，需要满足三个基本条件。

条件1：结论是针对问题的“回答”。

条件2：在纵向上，结论位于顶点位置，与多个论据之间是“So What?/ Why So?”关系。

条件3：在横向上，多个论据之间是符合MECE原则的。

逻辑的基本结构，如图2–8所示。针对某个问题的“回答”是由位于顶点位置的结论X及其支撑论据（A、B、C、a–1、a–2、a–3、b–1、b–2……）构成的。

下面，结合该图，按照顺序，我对上文提到的三个基本条件进行分析。

○条件1：结论是针对问题的“回答”

如上所述，逻辑是指针对某个问题的回答进行构思的思维方式。因此，如果想要按照逻辑进行说明，就必须先明确第1章中提到的“问题”。

针对问题进行“回答”的主要内容是结论。当然，“问题”和“结论”必须保持一致。比如在图2–8中，如果“问题”是“该业务的现状如何？”，则结论X就应该是“该业务的现状是××”，也就是针对该业务现状的说明。如果结论X是“为了强化市场营销功能，销售部将积极开展××”，说明的是采取的应对措施，则无法回答“问题”。这样一来，无论我们怎么组合结论和论据都会偏离主题，导致沟通交流出现问题。由此可以看出，“问题”和“回答”必须保持一致。

○条件2：在纵向上，结论位于顶点位置，与多个论据之间是“So What?/Why So?”关系

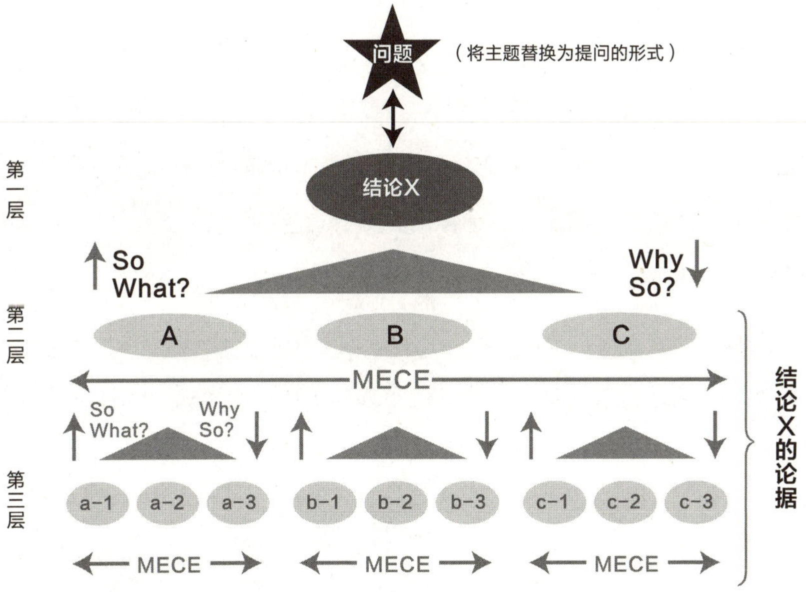

图2-8 逻辑的基本结构

下面，我按照纵向自上而下的顺序对图2-8进行分析。在这种情况下，位于上方的要素和位于下方的要素之间是“Why So?”的关系。针对结论X，如果沟通对象提出“Why So?”的疑问，则位于结论X下方的A、B、C就会变成回答，直接给出回应。

同样，关于要素A，如果沟通对象提出“Why So?”的疑问，直接的回答就是a-1、a-2和a-3。以此类推，B和b-1、b-2、b-3之间，C和c-1、c-2、c-3之间，同样也构成针对“Why So?”的关系。

下面我们反过来，按照自下而上的顺序再来分析图2-8。如上所述，“So What?”和“ Why So?”是背靠背的相对关系，如果自上而下是“Why So?”的关系，那么自下而上就是“So What?”的关系。

对a-1、a-2、a-3进行“So What?”分析后，我们可以得到A。同样，对b-1、b-2、b-3和c-1、c-2、c-3进行“So What?”分析后，分别可以得到B、C。为了将要素A、B、C转化成为“问题”的回答，对其进行“So What?”分析后，得到的就是结论X。

如上所述，逻辑是指纵向多个论据之间保持“So What?/ Why So?”关系，处于有序排列状态。当信息传递方说明“结论为X，之所以这样，是因为A、B、C成立的缘故”时，从信息接收方的角度来看，也可以自然地接受这种“因为……所以……”的因果关系。

○条件3：在横向上，多个论据之间是符合MECE原则的

下面，我们再从横向出发来分析一下图2-8，以确认多个论据之间是符合MECE原则的。

在对结论X进行说明时，第二层的要素A、B、C是经过不重复、不遗漏、不偏差地分组的。同样，第三层的论据a-1、a-2、a-3，论据b-1、b-2、b-3，论据c-1、c-2、c-3，也是经过不重复、不遗漏、不偏差地分组后，大体总结出来的。

如上所述，使用“So What?/ Why So?”和MECE原则，对结论和论据进行组合，确保纵向上下之间的关系流畅清晰，横向左右不重复、不遗漏、不偏差，这就是所谓的逻辑。

在逻辑的基本结构的基础上，有两种基本的逻辑模型，分别是并列型逻辑模型和解说型逻辑模型。我们将这两种逻辑模型作为说明的基础，与“回答”组合使用。下面，我将对这两种模型的特征和区别进行概述。

并列型逻辑模型

并列型逻辑模型是逻辑的基本结构，如图2-9所示。位于顶点的结论及其多个支撑论据，在纵向上呈“So What?/ Why So?”关系。在横向上，同一层级内的多个论据之间是按照MECE原则进行组合的。

在图2-9中，纵向的关系结构只有一层。但在现实生活中，我们遇到的情况往往不仅仅为一层关系结构。我们可以回顾一下以往与他人沟通交流时的具体情形，试想接受说明的对象针对结论的疑问，也就是“Why So?”会延伸至哪个层级。然后，我们应当对疑问进行分级，确保可以适当地提出论据。

当然，我们有时也会出现不清楚对方对哪个层级存在“Why So?”的疑问，或者对于疑问不感兴趣的情况。在这种情况下，作为信息传递方，我们应该认真思考自己提供的论据要延伸至哪个层级，才能令对方正确理解结论，并决定层级的数量。

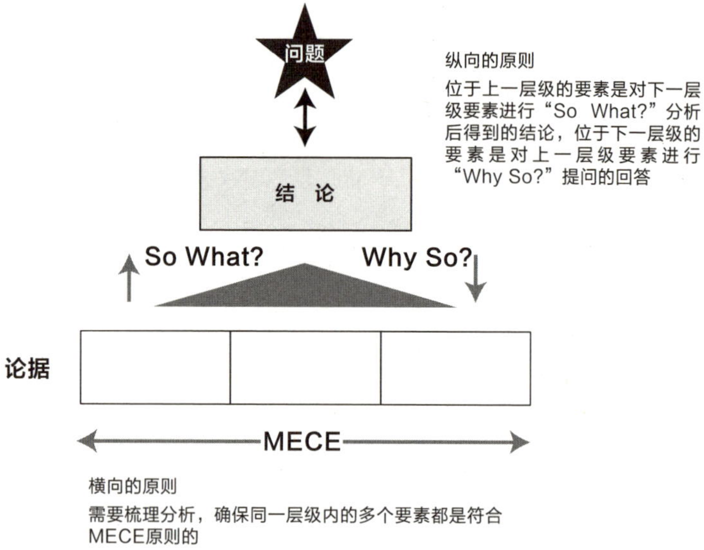

图2-9 并列型逻辑模型

此外，在图2-9中，按照MECE原则将论据分为三个。这个分类的数量并不一定非得是三。正如在介绍MECE原则的部分所述的那样，我们最好选择沟通交流对象容易接受和记忆的数字。由此可见，三个左右是理想的选择。

关于并列型逻辑模型的例子，如图2-10所示。在这个案例中，某企业的总务部计划通过百货商场向客户赠送价值1万日元的新年礼物，具体研究赠送什么礼物的负责人为了说明自己的想法，特意列出了上述逻辑结构。

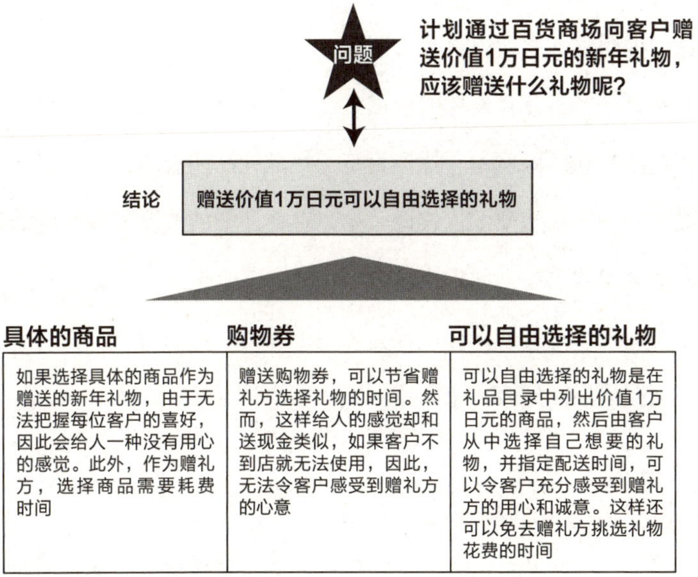

图2-10 并列型逻辑模型的例子

结论是“赠送价值1万日元可以自由选择的礼物”。当针对这一结论询问“Why So?”时，直接的回答是结论下面的三个论据。如果对百货商场馈赠的新年礼物根据MECE原则进行分类，大体可以分为具体的商品、购物券、可以自由选择的礼物三类。通过对各选项进行比较并展开说明，最终支持“赠送价值1万日元可以自由选择的礼物”的结论。

并列型逻辑模型的特征和使用的注意事项

并列型逻辑模型是一种极为简单的结构，主要用来按照MECE原则提出论据，并对结论进行说明。

这一说明方式之所以具有说服力，是因为得出结论的思考和研究过程是非常充分的，并且参考的论据是经过不重复、不遗漏、不偏差地分类的。在图2-10的案例中，假设百货商场的礼品还有第四个选项，就意味着之前对于三个选项的比较说明中，存在遗漏的情况，得出的结论自然也就缺乏说服力了。此外，虽说已经具备三个选项，但如果各选项的说明中有交叉、重复的部分，也会影响说服力。由此可见，我们需要充分验证论据是否符合MECE原则。

并列型逻辑模型的应用场景

在运用并列型逻辑模型时，我们主要是想通过简单的结构说明复杂的事物。其具体应用场景如下：

①针对那些对于“问题”或“回答”缺乏充分理解和兴趣的对象，需要简洁清晰地向其提出论点、主旨；

②针对不存在讨论余地的内容，比如对决议进行传达和确认等，需要简洁清晰地展示整体情况；

③强调自己的思考和研究过程中不存在重复、遗漏或偏差，希望借此说服对方。

解说型逻辑模型

解说型逻辑模型，如图2-11所示。与并列型模型相同，在纵向逻辑上，解说型逻辑模型的结论也是位于顶点位置的，结论及其支撑论据之间也是“So What?/ Why So?”关系。但解说型逻辑模型在论据的构建方法上不同于并列型逻辑模型。

如图2-11所示，在解说型逻辑模型中，论据是由三种要素构成的，按照顺序分别是：

●为了推导针对“问题”的结论，应该与信息接收方共享的“事实”；

●在基于“事实”推导结论时，信息传递方运用的“判断标准”；

●通过“判断标准”对“事实”进行判断后的结果，也就是最终做出什么判断的“判断内容”。

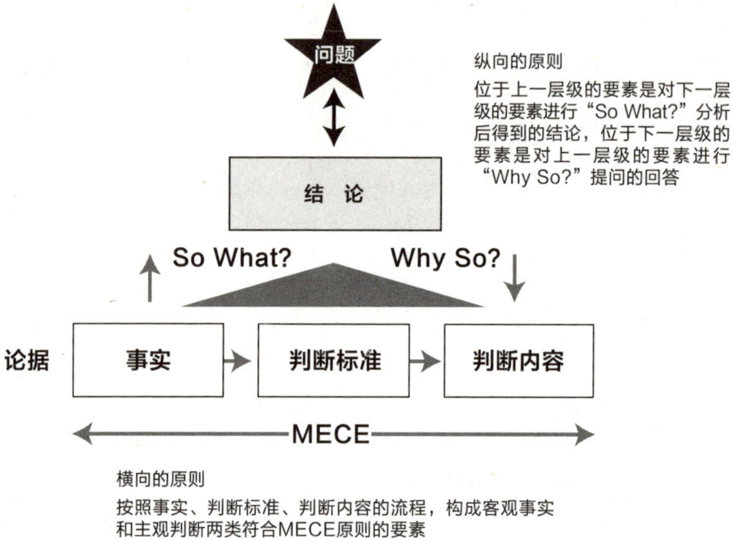

图2-11 解说型逻辑模型

“事实”“判断标准”“判断内容”都是支撑结论的论据。但是，我希望大家注意一点，“事实”与“判断标准”和“判断内容”之间是存在性质差异的。“事实”是客观论据，“判断标准”和“判断内容”是信息传递方的主观论据。按照MECE原则，论据是可以分为客观论据和主观论据的。

针对与图2-10中并列型逻辑模型相同的“问题”，在图2-12中，按照解说型逻辑模型，对问题和回答进行分析。得到的结论与并列型逻辑模型相同，都是“赠送价值1万日元可以自由选择的礼物”，但是针对论据的说明方式存在很大差异。

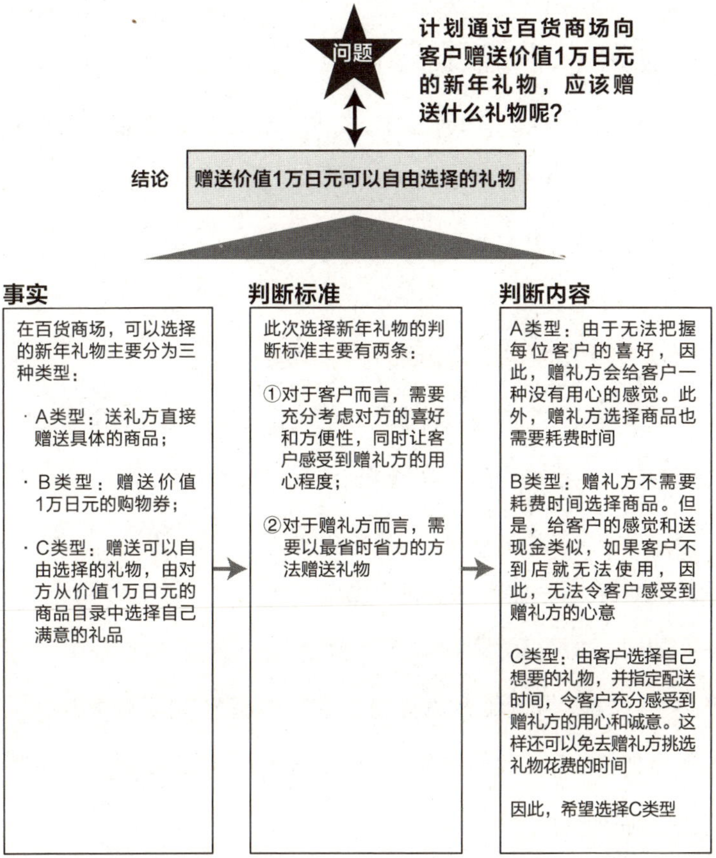

图2-12 解说型逻辑模型的例子

首先，作为事实，信息传递方列举可以通过百货商场向客户赠送的“具体的商品”“购物券”“可以自由选择的礼物”三个选项。此时的内容中并不掺杂信息传递方的判断，只是对三个选项进行客观说明。随后，信息传递方对从三个选项中选择“可以自由选择的礼物”时使用的判断标准进行说明。在这种情况下，从“对于客户而言”和“对于赠礼方而言”两个角度提出判断标准。最后，信息传递方根据两条判断标准，对三个选项进行评估，从整体的角度说明哪个是最适合的选项，并作为最终的判断内容，用来支撑结论。

解说型逻辑模型的特征和使用的注意事项

解说型逻辑模型的最大特征是：针对作为客观论据的事实与作为主观论据的判断标准和判断内容之间的逻辑裂痕，是在弥合的基础上进行展示的。下面结合通过百货商场向客户赠送新年礼物的案例，我对解说型逻辑模型和并列型逻辑模型进行比较说明。

在如图2–10所示的并列型逻辑模型中，信息传递方是在“具体的商品”“购物券”“可以自由选择的礼物”三种经过分类的框架内，分别将各选项到底是什么的“事实”与信息传递方如何评估各个选项的“判断”组合在一起进行说明的。

与之相对，在如图2–12所示的解说型逻辑模型中，信息传递方首先以“事实”的形式对新年礼物都有哪些选项进行概括，然后提出用来评估的“判断标准”，最后按照顺序对“判断内容”进行说明。即使从相同的“事实”开始说明，如果“判断标准”不同，“判断内容”就各不相同，因此得到的结论自然也不同。当信息传递方自己推导结论时，以什么作为“判断标准”是极为重要的。在解说型逻辑模型中，信息传递方可以充分突出“判断标准”的作用。

在使用解说型逻辑模型时，我们需要注意以下三点：

●确保对“事实”进行说明的内容逻辑正确，并且按照MECE原则进行了分析和梳理。作为说明起点的“事实”，需要具有说服力，并且容易被对方理解和接受，这一点非常重要。以图2-12为例，如果我们将可以通过百货商场向客户赠送的新年礼物分为三种，先要确保的就是不重复、不遗漏、不偏差地进行分类。

●确保“判断标准”是明确的，并且内容是适合用来推导结论的。如果不能像默认事项那样明确“判断标准”，信息传递方就无法与信息接收方共享信息，这样的失败案例比比皆是。信息传递方需要认真地向信息接收方说明“判断标准”。此外，当存在多个“判断标准”时，信息传递方需要对各个标准按照MECE原则进行分类。以图2-12为例，判断标准包括“对于客户而言”和“对于赠礼方而言”两条。

●确保“判断内容”与“事实”和“判断标准”的说明保持一致。以图2-12为例，列举了三种作为“事实”的选项，说明了两条“判断标准”。因此，“判断内容”就是根据两条判断标准对三个选项进行评估。

解说型逻辑模型的应用场景

解说型逻辑模型主要用于强调信息传递方自身的考虑，具体包括下述场景：

①在基于客观事实形成共识的基础上，我们希望展现自己的思考过程，并向对方强调结论的合理性；

②我们希望对方针对自己的想法提出意见和建议；

③我们希望对自己从多个备选方案中选出某个方案的理由进行说明。

* * *

不是对多条信息进行简单罗列，而是不重复、不遗漏并且在具体层面确保正确进行分类的方法就是MECE原则。对按照MECE原则分类的各种信息进行总结，从而正确提炼出实质内容的方法就是“So What?/ Why So?”。运用MECE原则和“So What?/ Why So?”，对结论和论据进行组合，并用来回答“问题”的模型就是逻辑模型。逻辑模型分为并列型和解说型两种。

正如写随笔和论文时，起承转合是非常实用、便捷的结构一样，在编写商务文书时，如果我们能够运用逻辑模型，就可以有效提升构思的效率和效果。首先，我们要正确理解MECE原则、“So What?/ Why So?”和逻辑模型。其次，我们不仅自己要掌握这些逻辑思考方法，还应在团队和部门中共享经验。当与你协作的团队成员在起草文书或发表意见时，能够有意识地运用MECE原则和 “So What?/ Why So?”，就一定能提升整个团队的沟通效率和业务效率。

读到这里，想必大家对逻辑思考法已经有了一定的概念，在第3章中，我将试着结合案例阐述构建逻辑模型的方法。

专　题
“So What?/Why So?”的训练方法——避免使用“如下所示”的法则

思考一下：你应该表达的究竟是什么？“So What?/Why So?”的思维方法是极为简单的，也是极为常见的。但是，刚开始时，人们往往会觉得应用“So What?/Why So?”非常困难。当你在自己认为最重要的时刻使用“So What?/Why So?”时，往往难以取得良好的效果。由此可见，从平时开始，养成追问“××究竟是什么？”的思维习惯是至关重要的。

作为快速入门的“So What?/Why So?”的训练方法，如果按照“避免使用‘如下所示’的法则”进行验证时，效果究竟如何呢？

假设在说明销售策略的展示资料中，需要附带行动计划的详细日程表。作为表格的说明，你是否会写“关于日程表，具体如下所示”呢？在报告摘要中，你是否会写“关于强化该分店销售能力的措施，具体如下所示”呢？在下面关于措施的内容中，你是否会列上七八条具体措施呢？在这种情况下，关键内容往往被替换为“以下”“下述”等字样，而不明确阐述“到底是什么样的日程表？”或者“措施究竟是什么？”。我们应该避免使用“以下”“下述”的表达方式，而对证据和核心内容进行明确阐述。

比如“将四个月的时间分为三个阶段，第一个月主要设计新的销售方法，第二个月集中精力在某分店试行新方法，第三个月和第四个月开始在全国推广新方法”“提升该分店销售能力面临的课题不仅在于是否存在销售技巧高超的人员，还在于能否将这种技巧推广并在整个团队共享”等。

从平时开始，我们要养成“避免使用‘如下所示’法则”的写作习惯，这是一种切实可行的训练方法。通过不断积累详细阐述核心内容的经验，我们可以迅速、正确地掌握 “So What?/Why So?”的使用技巧。请务必尝试一下，你必然能取得理想的成果。

第3章 正文的构思②

逻辑思考的实践

在第2章中，我围绕针对“问题”“回答”简洁明了地构建逻辑的工具——MECE原则、“So What?/ Why So?”，以及由其构成的逻辑模型进行了介绍。从工具的角度来看，这些内容与汽车或者计算机并没有太大区别。为了熟练掌握工具，我们需要遵循客观规律，如果全凭自己的想法随意使用必然会事倍功半，只有牢记工具的基本使用方法和流程才是真正的捷径。

在本章中，我将使用逻辑思考的工具，试着对文书正文的实际构建流程进行分析。

我将结合编写报告的具体案例，通过文字对逻辑思考法进行说明，明确从哪里开始以及怎样构建逻辑模型、应该如何使用MECE原则和“So What?/ Why So?”、对构建的逻辑模型进行检查时的要点是什么等一系列问题。

1.理解逻辑模型的构建方法

商务人士经常会提一个问题，那就是：逻辑模型是应该从上向下构建，还是应该从下向上构建？实际上，存在两种构建逻辑模型的方法。

在讲解案例之前，我先通过图3–1说明逻辑模型的构建方法。顺便提一下，虽然图3–1中的逻辑模型是并列型逻辑模型，但是解说型逻辑模型也可以遵照同样的流程。

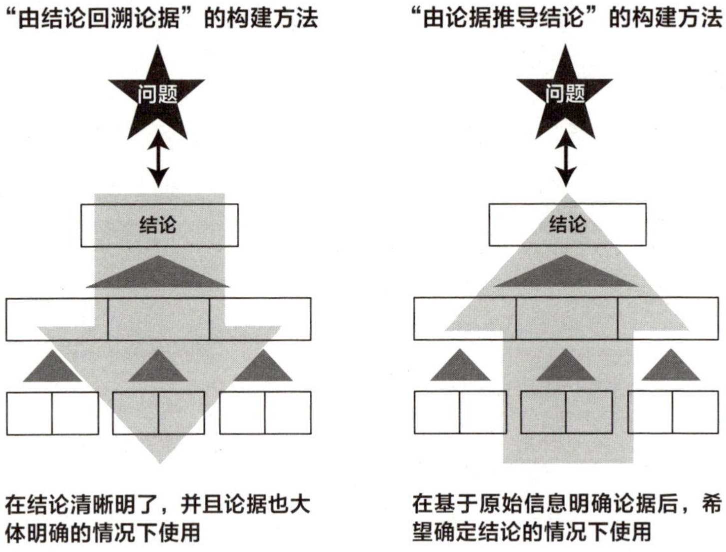

图3–1 逻辑模型的构建方法

对于信息传递方而言，在对习以为常的“问题”“回答”进行说明时，结论往往是明确的，论据的要素也是容易把握的。比如针对顾客频繁要求进行说明的与产品相关的问题，或者公司同事经常询问的业务层面的问题等，我们在给出“结论是××”的肯定回复时，就可以使用“由结论回溯论据”的方法构建逻辑模型。

在这种情况下，如图3-1中的左半部分所示，我们可以按照“由结论回溯论据”的方法，也就是从上向下的顺序构建逻辑模型。针对已经明确的结论，当希望将A、B、C三个要素作为论据时，我们需要确认是否已经按照MECE原则对A、B、C三个要素进行了梳理。在此基础上，当a-1和a-2作为要素A的论据时，我们同样需要确认a-1和a-2是否符合MECE原则。这样一来，我们就可以将结论作为构建逻辑模型的起点。

“由论据推导结论”的构建方法

有时候，虽然经过信息搜集和认真的研究讨论，但是如果我们不对得到的结论再次进行细致检查，就无法明确结论是什么、论据又是什么。因此，大家往往会为如何构思“回答”而感到困惑。

在这种情况下，我们需要对汇集的信息和研究结果进行自问自答式的检查，确认“So What?”，同时按照从下向上的顺序，明确逻辑模型中说明的内容，并得出结论，如图3–1的右半部分所示。

当你为针对什么、怎样进行总结而感到烦恼时，需要按照“由论据推导结论”的方法构建逻辑模型，流程如图3–2所示。

步骤1：对“问题”进行确认，选择逻辑模型

我们要针对可以回答多少个、什么样的“问题”进行确认。在此基础上，我们要选择使用并列型逻辑模型还是解说型逻辑模型“回答”问题。

步骤2：按照MECE原则自上而下构建框架

我们要综合分析应该回答的“问题”和所有的原始信息，按照

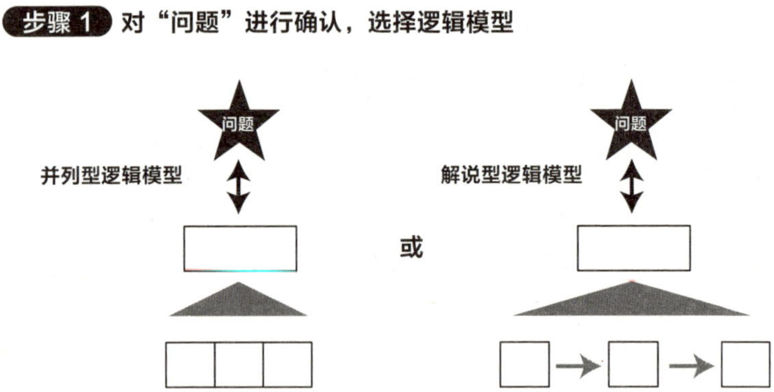

图3–2 “由论据推导结论”构建逻辑模型的流程

“自上而下”的顺序构建逻辑框架，思考针对“问题”进行“回答”的整体框架。

我们按照逻辑模型的规则，针对结论下方的第二层内容进行分类。如果是并列型逻辑模型，我们就按照MECE原则进行分类。如果是

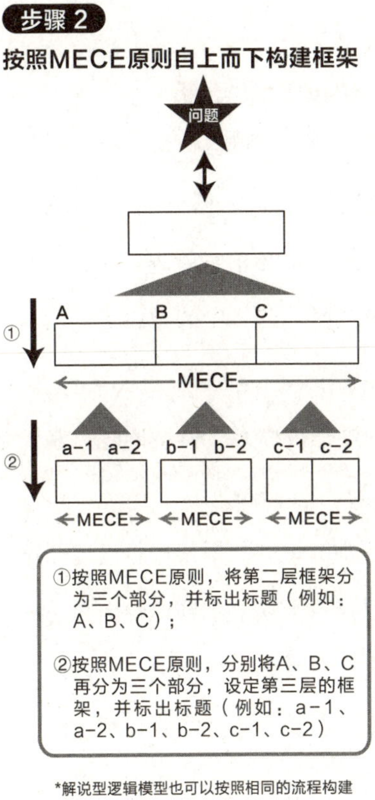

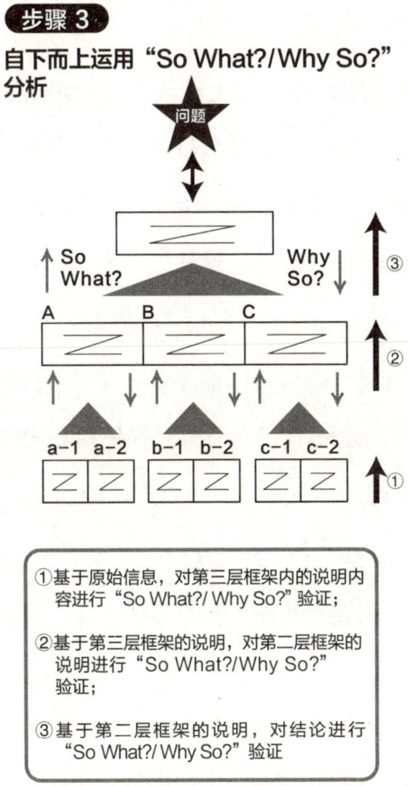

解说型逻辑模型，我们就按照“事实”“判断标准”“判断内容”进行分类。解说型逻辑模型是将事实、判断标准和判断内容作为整体按照MECE原则进行分类的。

针对第二层要素，如果读者提出“Why So?”的疑问，我们同样可以对第三层要素的论据按照MECE原则进行分类。

步骤3：自下而上运用“So What?/Why So?”分析

我们可以按照自下而上的顺序，针对按照步骤2构建的框架进行分析，明确“So What?”，同时决定在框架内具体进行说明的内容。在逻辑模型中，越是接近下方的要素，距离原始信息就越近。因此，如图3-2所示，我们在按照第三层、第二层、第一层的顺序进行“So What?”验证时，更加容易确定说明内容。

此外，在本书中，提炼核心内容的过程被称为“So What?”，验证提炼出的核心内容是否正确的过程被称为“Why So?”。

在步骤2中，我们需要按照MECE原则对说明的框架进行设定，这一点至关重要。如果忽视了这一点，仅仅自下而上堆砌说明内容，就会出现答非所问的情况，论据也容易出现重复和遗漏的情况。这样一来，是无法形成具有说服力的逻辑模型的，因此我们需要特别注意，避免发生类似问题。

2.构建逻辑模型——B公司的案例

下面，我将尝试按照图3-2，结合实际案例，实践上文中介绍的“由论据推导结论”的逻辑模型构建方法。

我们先根据构建逻辑模型的流程，围绕读者的提问、每个流程的构建案例及其解释说明和关键，进行梳理汇总。在构建逻辑模型的案例中，除了理想的案例以外，我还将列举在编辑文书和进行逻辑结构训练过程中人们经常遇到的和应当避免发生的错误案例。

请大家准备纸和笔，边向下读，边进行纸上训练。

【B公司的案例——设定】

假设你所在的公司正在研究向人员派遣行业拓展新业务，而你恰好是论证项目组的成员，在秘书处工作。在推进项目的过程中，研究行业优秀竞争对手的案例是整个论证过程的重要一环。通过学习，你发现从事技术人员派遣的B公司对外派遣的技术人员水平非常高，备受客户好评。近年来，B公司取得了显著进步，实现了跨越式发展。

与此同时，你接到了项目负责人的指示，要求“调查B公司采取了哪些措施提升对外派遣的技术人员的能力，并向团队汇报。在下一次的项目研究会议中，请你结合报告内容，组织大家讨论本公司应该学习的经验和做法”。

因此，你特意拜访了对人员派遣行业熟悉的专家，认真听取了他的意见，了解到以下信息。

从事技术人员派遣的B公司的利润连续四个季度增长，B公司已经吸引了众多高科技企业的关注。

在人员派遣行业中，一直以来存在的一个瓶颈是如何培养派遣人员。正如大家所了解的那样，为了加快研发速度，各大制造企业在专业性较强的业务领域中，对于派遣人才的需求是非常旺盛的。在技术人员派遣行业中，针对应该如何提升派遣人员能力问题的反思越来越深入。可以说，B公司之所以能取得这么优秀的业绩，一个重要的原因就是其在提升派遣人员的能力方面具有独到之处。

评价奖励机制是一个重要特点。在B公司给员工发放的工资中，固定部分和绩效部分各占一半左右。绩效部分的工资是根据业绩，也就是技术人员对公司的贡献大小决定的，每年调整两次。固定部分的工资是根据能力评估结果确定的，不同评级的人的固定工资不同。按照规定，根据知识、技能等，B公司设有10个能力级别，每年都会进行能力评估。如果员工评定的级别提升了，工资也会随之提高，取得专业领域的资质认证是提升能力级别的重要途径。在这种机制下，B公司通过可以“看得见，摸得着”的工资将成果大小和能力高低反馈给个人，从而激发每个人的工作积极性。如果评价结果能够跻身顶级，员工就可以领取与大型制造企业的工程师同等级别的年薪了。

在派遣行业中，一般是没有人员之间相互交流的机制的。但是，B公司有导师制度。正如大家所知，导师制度是指针对工作和职业规划方面面临的各种烦恼和问题，新员工可以向与自己没有直接工作关系的资深员工咨询的机制，比如不同部门的前辈结合自己的工作经验，与后辈交流沟通、提出建议等。在B公司中，新员工在进入公司一定时间后，可以从自己心目中理想的资深技术专家中选择导师。在沟通交流和咨询建议的过程中，年轻后辈会受到鼓舞和激励，希望“自己能早日成长为像前辈一样的专家”。与此同时，提供建议和帮助的专家也会受到触动，希望进一步提升自己的技术水平，真正具备成为年轻人崇拜的榜样的技术能力和领导能力。也就是说，B公司通过双向激励机制，激发每名技术人员的斗志和进取心，帮助他们成长进步。导师制度在调动员工提升技术水平的主观能动性方面发挥了重要的作用。

当然，不仅仅是调动主观能动性，B公司还设有拥有先进设备的大型训练中心。除此以外，B公司还采取各种各样的措施提升员工的能力。比如B公司现在大约拥有

1 500名技术人员，所有人员的技术级别和擅长领域全部都被纳入数据库进行统一管理。当客户企业提出派遣需求时，B公司首先会根据客户要求的标准，从数据库中选择满足条件的高水平技术人员，然后以被选出来的对象为中心，挑选不同技术水平的人员组成团队，并以团队的形式向客户企业派遣技术人员。作为团队，技术人员需要取得一定的成果。通过团队派遣机制，技术人员在每天的工作中，可以从高水平技术人员身上学习自己需要的技术，从而推进技术交流，提升整个团队的工作效率，这就是高效的OJT[①]机制。

在上文中，我们提到了训练中心，但如果只是盲目地建设硬件，就无法发挥应有的作用，只不过是浪费资源而已。B公司高度重视配套软件建设，相关条件极为优越。B公司的训练中心有技术高超、经验丰富的培训师，他们都是技术人员出身。其他企业可能也有大批经验丰富的技术人员，但是这些技术和经验往往掌握在个人手中，并未在整个企业推广应用。B公司很好地解决了这一问题，培训师对自己高超的技术和丰富的经验进行总结形成系统性知识，开发出了培训项目，并分享给全体员工。技术人员可以根据自身需要，自由选择课程，据说B公司的培训备受好评，被称为是真正具有实践操作性的内容。对于技术人员而言，这是一个有利于成长进步的理想环境。

B公司的人事部部长经常说："B公司希望录用的是有志于将来作为专家独立创业的充满抱负的人。"据说，在录用人员时，B公司甚至会强调"如果努力达到专家水平之后，B公司将从工作和资金两方面为其独立创业提供支持"。这真是非常有特色。B公司本来就已经要求员工是独立创业意愿强烈并充满抱负的人，在此基础上，还希望进一步调动他们的积极性。

实际上，如果员工达到了作为专家独立的技术级别，B公司会为其独立创业提供资金支持。同时，B公司对退休人员进行网络化管理，并向其分配业务。此外，对于独立创业后仍然希望返回公司的人员，B公司还保留了返岗复职的通道。正如B公司人事部部长所说："希望返岗复职的人们，视野和格局都得到了拓展，并且亲身体验到了创业的艰辛，对于B公司而言，他们是宝贵的财富。"B公司真是一家胸怀广阔的公司啊！将离职创业的人员纳入视野，面向技术人员提供长期支持。这种机制给技术人员带来的心理影响是显著的，有利于调动他们的积极性，激励他们朝着成为技术专家的目标，不断钻研，积累经验。

（出处）笔者根据《以狩猎为生的强大的技术人员们》（《日经商业》2001年8月20日刊）、《商业案例 日本杂志》（《一桥商业评论》2004年冬季刊）梳理。

① OJT是On the Job Training的缩写，意思是在工作现场，上司和技能娴熟的老员工在日常工作中向下属、普通员工和新员工传授必要知识、技能、工作方法的培训方法。

在实际工作中，我们几乎不会遇到根据单一信息来源编写报告的情况。然而，这个案例主要围绕如何构建逻辑模型进行练习，因此我们的信息来源只有上述专家意见。此外，在这个案例中，设想的场景是听取意见的内容是正确的，并且编写报告的人员对报告内容进行了充分研究，不存在遗漏的信息。

步骤1：对“问题”进行确认，选择逻辑模型

按照逻辑模型构建正文的第一步是将应该写的主题替换为“问题”，并选择合适的逻辑模型，明确是选择并列型逻辑模型还是选择解说型逻辑模型。如果已经完成了第1章中的“构思准备”，那么“问题”应该是清晰明确的。如果我们没有完成这个步骤，在此就需要认真地确认“问题”。

在B公司的案例中，根据领导的指示进行确认后，应该回答的“问题”是：B公司采取什么措施提升派遣技术人员的能力？

思考的问题

接下来，你要考虑：在这个案例中，用于构思的逻辑模型是并列型逻辑模型还是解说型逻辑模型？

解释说明

如果你由于还没有对信息进行充分分析，并不清楚到底应该使用并列型逻辑模型还是解说型逻辑模型，那么你可以立即使用并列型逻辑模型。这是因为“B公司采取什么措施提升派遣技术人员的能力？”的问题，是要求说明情况的。由于要说明情况，显然选择用“事实”“判断标准”“判断内容”来传达信息传递者的判断的解说型逻辑模型是不合适的。因此，你应该对“问题”进行认真分析。

抛开这个案例，如果“问题”是“必要的措施是什么”，则选择并列型逻辑模型和解说型逻辑模型都是可以的。在这种情况下，如第2章所示，我们可以按照需要强调什么来选择合适的逻辑模型。

步骤2：按照MECE原则自上而下构建框架

①构建第二层框架

我们要思考应该怎样对结论正下方的第二层说明进行分类，按照MECE原则可以分成几个部分。

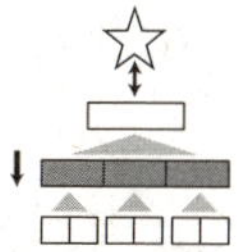

我们先不要想得过于复杂，只需要阅读掌握到的结果，并试着写出用来回答步骤1中所提“问题”的重要事项。如果有意识地带着“问题”去阅读，我们就可以在不知不觉间找到针对“问

题”和“回答”的核心，也就是“结论雏形”。

下面，我将正式开始构建逻辑模型。

思考的问题

现在，围绕脑海中浮现出的“结论雏形”，我们尽可能地按照MECE原则对列出的事项进行分组，并试着为每个组标注标题。

解释说明

在通读调研到的内容后，我们可以明确“为了提升技术人员的技术水平，B公司设置了大型训练中心，在调动技术人员工作积极性方面也下了很大的功夫”。虽然这个内容还比较粗糙，但是已经初步形成了“结论雏形”。

正如第2章中介绍的，按照MECE原则分类可以包括三种类型：按要素分解型、按阶段分解型和对照概念型。在对照概念型中，有从技术和主观能动性两个方面来分析问题的思维方法。如果对上文中提到的列出“结论雏形”的情况进行深入分析，我们就会发现使用技术和主观能动性，可以对调研的内容进行总结，从而将B公司采取的措施分为“调动主观能动性的措施”和“提升技术水平的措施”，如图3–3所示。

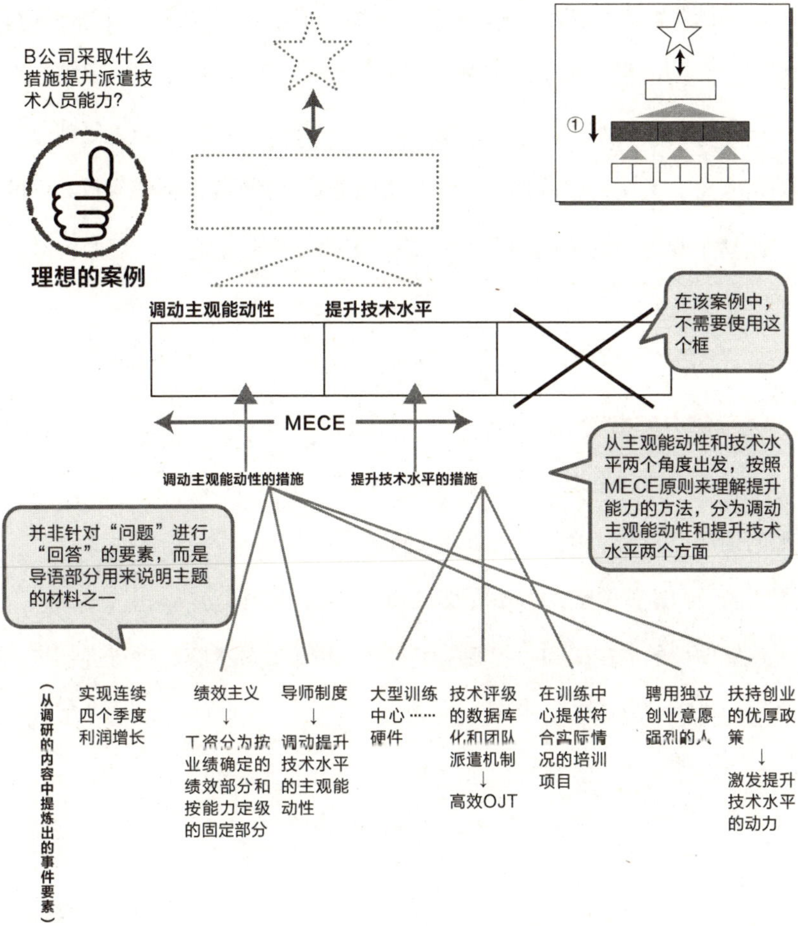

图3-3　步骤2：按照MECE原则自上而下构建第二层框架

关键

在按照MECE原则进行分类后，我们必须标注“标题”。因为标题具有向读者提示正文构思的重要功能。关于标题，在第5章中，我将进行详细介绍，敬请参考。关键是要在标题中明确提出按照MECE原则分类的切入点。上文提到的技术水平和主观能动性就是切入点，图3–3中的“调动主观能动性的措施”和“提升技术水平的措施”，体现的就是这种对照关系。

②构建第三层框架

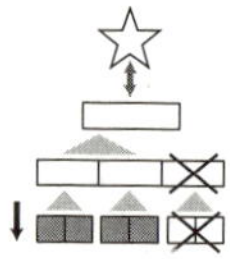

除了“调动主观能动性的措施”和“提升技术水平的措施”以外，B公司还采取了许多其他措施。为了明确说明这些关键，需要按照MECE原则，对“调动主观能动性的措施”和“提升技术水平的措施”的内容，进行进一步分类，构建第三层框架。

没有按照MECE原则自上而下构建第三层框架，如图3–4所示。

思考的问题

我们按照与构建第二层框架相同的要领，采用MECE原则，对“调动主观能动性的措施”和“提升技术水平的措施”的内容进行分类，并构建第三层框架后，逻辑模型会发生什么变化呢？

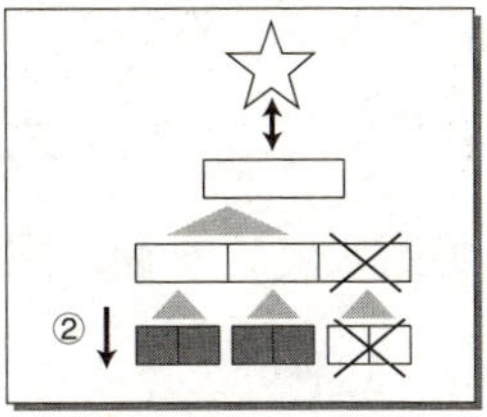

应当避免的常见错误案例

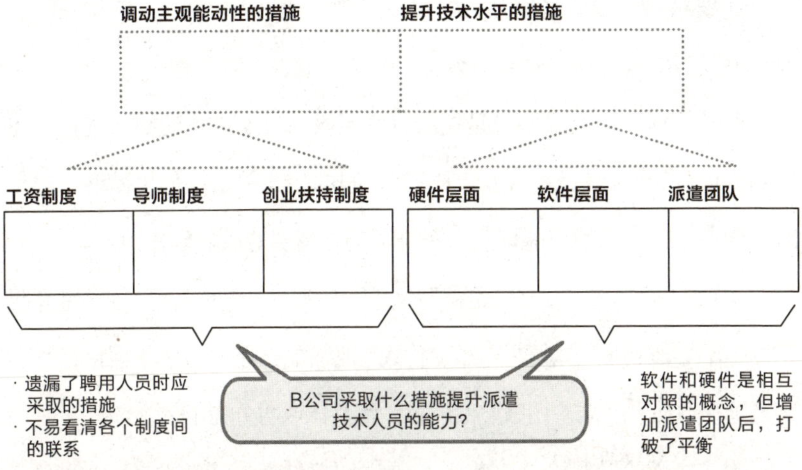

图3-4 步骤2：没有按照MECE原则自上而下构建第三层框架

解释说明

◎应当避免的常见错误案例

在对理想的案例进行解释说明之前，请大家先看一下图3-4中列举的应当避免的常见错误。我们在构建逻辑关系时，往往会落入这些陷阱之中。

第一，关于“调动主观能动性的措施”，主要关注的是B公司采取的各项制度，分为“工资制度”“导师制度”“创业扶持制度”三类进行说明。从表面来看，这确实是按照制度进行了分类，但是，对照原始信息，这种分类方法是否符合MECE原则呢？

仔细对照原始信息后，我们可以发现，图3-4遗漏了“聘用独立创业意愿强烈的人”这一重要内容。

此外，这些分类只不过是把内容按照谈话对象讲述的顺序进行简单罗列而已，读者无法解读出各项措施之间的相互关系。如果始终这样，对于读者而言，恐怕只能留下一个讲了三种制度的浅显印象而已。

第二，“提升技术水平的措施”又怎么样呢？“硬件层面”主要是完善了训练中心的功能，“软件层面”主要是训练中心提供的培训项目，并在此基础上追加了“派遣团队”的内容，将整体说明分为了三个部分。

确实，无论从哪个角度来看，硬件和软件都属于按照MECE原则分类的概念，令人感到容易接受。我想广大读者朋友平时也会用到这种方法。但是，如果在此基础上追加“派遣团队”的内容，就不符合MECE原则的分类标准了，因为派遣团队属于“软件层面”的一部分，这样分类会造成重复的问题。

既然如此，如果将“派遣团队”纳入“软件层面”，并据此分为“硬件层面”和“软件层面”两类，是否为符合MECE原则的分类方法呢？是否合理呢？令人遗憾的是，这种分类方法也是存在问题的。首先，如果将“派遣团队”和“培训项目”的内容归纳为“软件层面”，其内容性质是不同的，会令人产生进一步细分的想法。与之相对，“硬件层面”的内容只有完善训练中心一个，会令人质疑是否真的有必要将这一点作为硬件层面的内容单独列出来进行说明。“软件”和“硬件”确实是符合MECE原则的概念，但是似乎并不适用于对这方面的内容进行说明。

◎理想的案例

我们再来回顾一下调研的内容。

关于调动主观能动性的措施，如果对调研的内容进行分析研究，我们就会发现存在四个方面的关键，分别是：绩效主义的工资机制、导师制调动提升技术水平的积极性、聘用独立创业意愿强烈的人和创业扶持机制。如果我们按照MECE原则俯瞰这些内容，就能运用按照阶段分类的思维方式，将其纳入从聘用至扶持创业的人员管理流程。可以说，B公司的特色就是在人员管理的每个阶段都深深植入了合理调动员工主观能动性的措施。

因此，按照MECE原则自上而下构建第三层的框架，如图3-5所示。

在“调动主观能动性的措施”方面，可以被分为招聘、培养、评价奖励和创业扶持四个阶段。与简单罗列各种措施相比，这样可以让读者更容易理解各种措施之间的关系。

在“提升技术水平的措施”方面，有两个重要措施：一是通过派遣团队，将高水平技术人员掌握的技术推广至全体技术人员；二是在训练中心，开发并提供对专家技能进行体系化总结的培训项目。前者是在职培训（On-the-Job Training，OJT），后者是脱产培训（Off-the-Job Training，OFF-JT）。如果充分利用“在职”和“脱产”的对照概念，将“提升技术水平的措施”分为两类，论点就会更加鲜明。

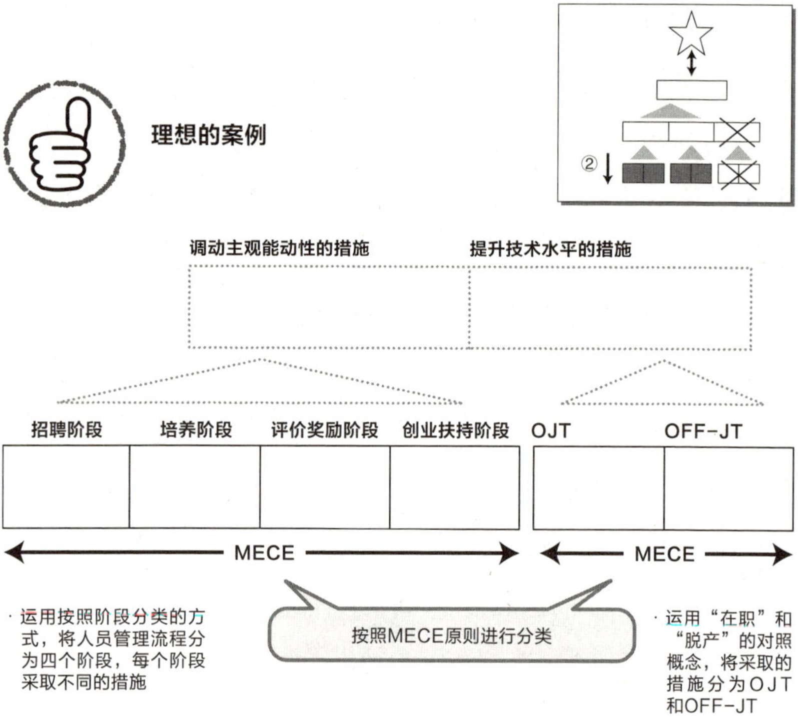

图3-5 步骤2：按照MECE原则自上而下构建第三层框架

如上所述，在“调动主观能动性的措施”下一层，可以分为“招聘阶段”“培养阶段”“评价奖励阶段”“创业扶持阶段”；在“提升技术水平的措施”下一层，可以分为“OJT”和“OFF-JT”。在第三层中，我们也要标注能够体现按照MECE原则分类需要的切入点的小标题。

这样一来，我们就构建了逻辑模型的框架。

关键

毋庸置疑，对于读者而言，易于理解的机制是非常重要的，构建复杂的逻辑模型是没有意义的。因此，我们需要注意，在横向和纵向构建逻辑模型时，都要尽量做到简单易懂。

在确定逻辑模型的纵向层数时，我们需要合理、有效地回答读者提出的“Why So?”的疑问，并且给出读者易于理解的论点。从易于读者理解的角度出发，我们最好能够像图3-5一样，将逻辑模型延伸至第三层。

如果已经与对方共享了“回答”，这次只是进行确认，则说明延伸至第二层就足够了。此外，与之相对，为了回答读者提出的“Why So?”的问题，我们有时可以构建四层及四层以上的层级。只不过当构建到第四层时，结论与最底层论据之间的距离就会变远，整体说明就会变得更加复杂。对此，我们要有一定的心理准备。

关于逻辑模型的层数，在本章第3节和第5章中分别从“对逻辑模型进行自我检查”和“构思的可视化”的角度出发进行了说明，敬请参考。

关于从横向按照MECE原则分类的要素数量，应该选择对方容易记住论点的数量，一般以三个左右为宜。

步骤3：自下而上运用“So What?/Why So?”分析

构建逻辑模型框架后，在步骤3中，我们需要运用“So What?/ Why So?”进行分析，并明确各个框架内的说明内容。在这种情况下，按照自下而上的方式，从接近原始信息的第三层向第二层、从第二层向第一层展开，是高效率的方法。如上所述，在下文中，我将提炼说明内容本质的行为表示为“So What?”，将验证提炼说明内容本质是否正确的行为表示为“Why So?”。

①对第三层的说明运用“So What?/Why So?” 进行分析

思考的问题

下面，我试着对第三层框架中的说明内容运用“So What?”进行分析。在这种情况下，我们需要牢记一点，那就是第三层是表述最具体信息的层级。

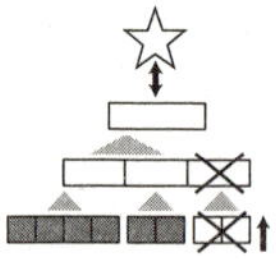

在招聘、培养、评价奖励和创业扶持的不同阶段，B公司采取什么

措施能调动技术人员的主观能动性呢？此外，B公司怎样实施OJT和OFF-JT来提升技术人员的技术水平呢？

解释说明

◎应当避免的常见错误案例

下面，我将结合图3-6，分析应当避免的常见错误。

从调动主观能动性的措施来看，各个阶段都可以提炼出关键词，比如“重视独立创业意愿”“通过引进导师制度调动提升技术水平的积极性”“绩效主义工资制度”“通过优厚的创业扶持制度调动提升技术水平的主观能动性”。但是，“重视独立创业意愿”到底是指什么？“导师制度”又是指什么？为什么要“调动提升技术水平的主观能动性”？“绩效主义工资制度”和“优厚的创业扶持制度”是怎么回事？又是怎么与“调动主观能动性”联系起来的？

这些疑问一个接一个被提出来，令人不禁想问：这些内容究竟是什么意思？这种罗列关键词的形式，虽然可以作为信息传递方的备忘录，但是对于通过报告才初次接触到调研内容的读者而言，根本起不到说明的作用。

应当避免的常见错误案例

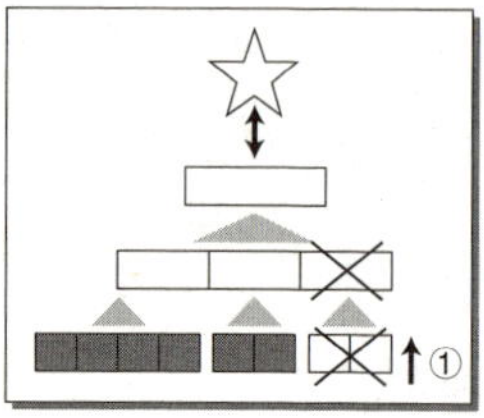

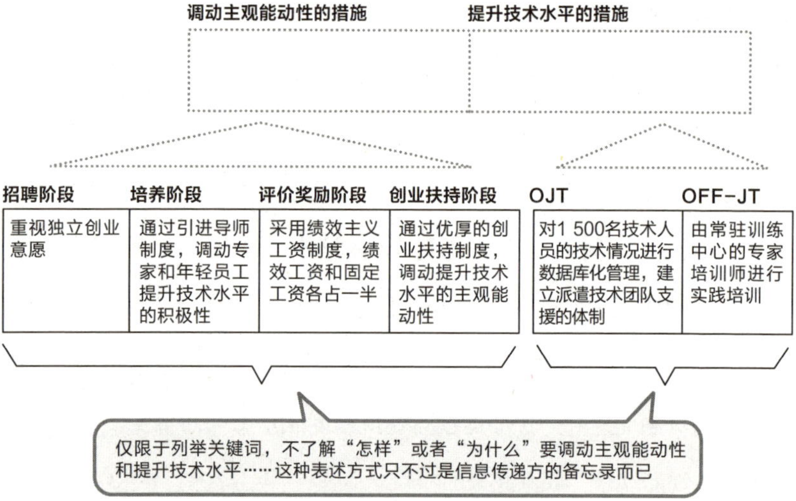

图3-6 步骤3：未能自下而上正确运用“So What?/Why So?”分析明确第三层的说明内容

◎理想的案例

在图3-7中，我展示了大家希望看见的总结方法的例子。关键是在逻辑模型的构建阶段，我们不能满足于只列出关键词就行了，而要提前思考具有一定“颗粒度”的说明内容。我们要提前进行归纳总结，确保读者不产生“这是什么意思？”的疑问，而是积极认同说明内容，觉得“确实如此，这个机制与调动主观能动性（提升技术水平）密切相关”。

正如上文所述，如果不这样做，对于B公司采取的措施缺乏知识储备的读者根本无法体会具体内容的含义。此外，在之后对第三层进行总结，并对第二层运用“So What?”进行分析时，其内容往往会沦为抽象的结论或泛泛而谈。当然，针对具体文字的表达方式，我们可以进一步推敲，暂时粗糙一点是没有问题的。

关键

在具体运用“So What?”进行分析时，基本的要求是确保“谁……怎样……做什么”的主、谓、宾结构清晰明了。常见的错误案例中经常出现主、谓、宾结构不清晰的问题，我们需要注意避免商务文书中经常出现的以“名词结句”的问题。“名词结句”是指用名词或名词化的词组作为整句结束的表现形式。当想要简短地进行归纳总结时，我们往往会选择名词结句。名词结句的表达方式本身没有问题，但可能会导致主语、谓语和宾语含混不清，我们需要特别注意。

当运用“So What?”进行分析时，与简短地进行归纳总结相比，我们更应该重视具体内容，并试着将其展现出来。在此基础上，如果我们发现不需要的要素，可以将其删除。这才是我想要推荐的标准流程。在本书的第6章中，我将详细介绍具体展示时的关键，请大家务必参考。

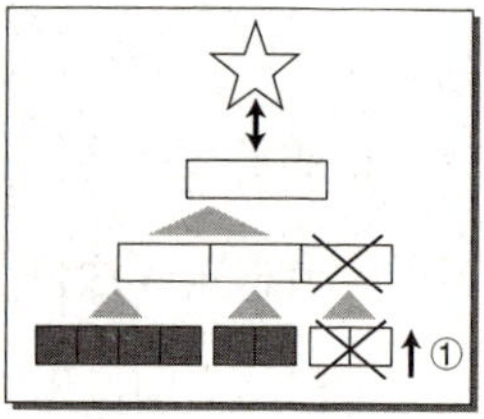

理想的案例

调动主观能动性的措施				提升技术水平的措施	
招聘阶段	**培养阶段**	**评价奖励阶段**	**创业扶持阶段**	**OJT**	**OFF-JT**
聘用独立创业意愿强烈的人，从招聘时就开始宣传，如果员工能够学到高超的技术，公司会支持其独立创业，从而调动员工提升技术水平的积极性	设有导师制度，资深员工会以咨询师的身份，针对员工在工作中遇到的烦恼提出建议。通过这种方式，年轻员工和专家可以相互启发，共同成长进步，从而调动员工提升技术水平的积极性	工资由基于利润贡献度确定的绩效工资和基于技术评级确定的固定工资组成，两者各占一半。这种以可见形式直接反映成果大小和能力高低的工资机制，有利于调动员工提升技术水平的积极性	一旦认定员工的技术水平达到专家水准，公司会以分包业务和提供资金支持的形式支持员工创业，还为其保留返岗复职的通道。这种长期扶持创业的制度，有利于调动员工的积极性，激励他们朝着成为专家的目标努力提升技术水平	搜集所有技术人员擅长的领域和技术等级排名，构建数据库，并充分发挥作用，组成由高水平技术员工和低水平技术员工混合编配的团队，将其派驻客户企业。借此，低水平技术人员可以在职学习技术	在训练中心配备高水平的技术专家作为培训师，由他们开发并提供对既有技术进行体系化总结的培训项目。技术人员可以自由选择课程，他们对此给出高度评价，认为这些课程很符合实践需求

可以向读者解释清楚，帮助他们具体了解做什么事情有利于调动主观能动性和提升技术水平

图3-7 步骤3：自下而上正确运用“So What? /Why So? ”分析明确第三层的说明内容

②对第二层的说明运用“So What?/Why So?”进行分析

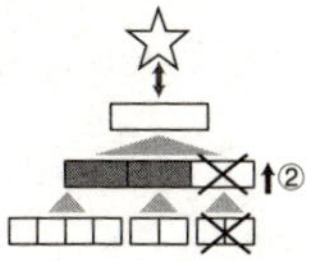

思考的问题

下面，我将对经过“So What?”分析后的第三层内容进行总结，并对第二层的说明内容运用“So What?”进行分析。在归纳总结时，我们要确保读者即使没有时间阅读第三层的内容，但只要读完第二层的内容，也可以掌握调动主观能动性的措施和提高技术水平的措施的总体情况。

解释说明

在对第二层内容运用“So What?”进行分析的过程中，我们应当避免三种典型的错误的总结方法。

◎应当避免的常见错误案例1

第一种是“忽视‘So What?’型”，如图3-8所示。如果对方质疑“为什么这样行不通？”“这种总结方法我之前就用过，在公司内已经用过很多次了”，我们就需要特别注意了。可以说，这包含了一类基本错误，那就是针对关键部分的说明，以“如下所述”或“各种各样”一带而过。这样一来，如果不读完第三层，读者就无法了解B公司在调动主观能动性和提升技术水平方面采取的措施的特点。

由于介绍的内容是一带而过的概述，换个角度来看，即使第三层中说明的是其他公司采取的措施，这个说明同样也是成立的。对其归纳总结并运用“So What?”进行分析后，我们得到的结论必然是更加抽象的，将其作为“问题”的回答是没有任何意义的。如果以“各种各样”“下述内容”“如下所示”等表现形式来结束说明，无疑等于放弃了“So What?”。

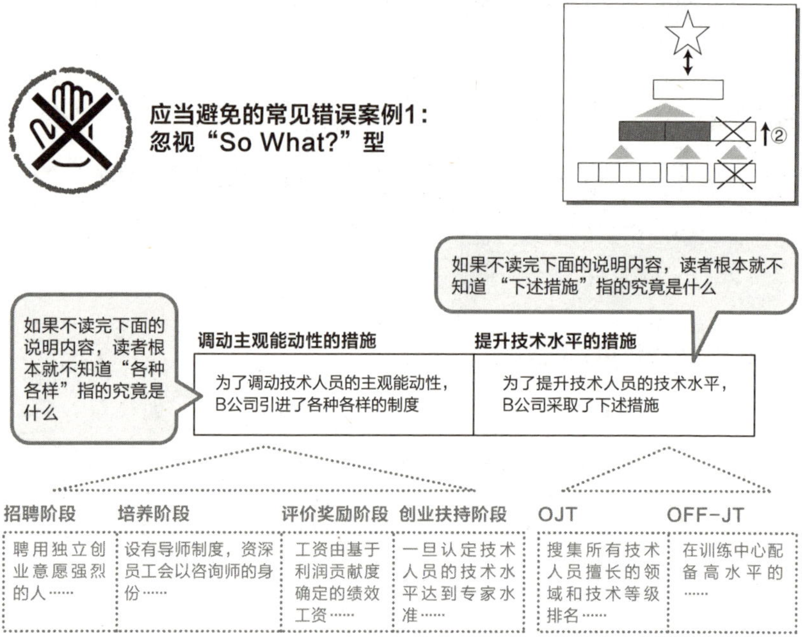

图3-8 步骤3：未能自下而上正确运用“So What?/Why So?”分析明确第二层的说明内容——忽视“So What?”型

专 题
逻辑思考与健身训练在本质上是相同的吗？

我曾经听过某位商务人士说过：“我忙得头顶都冒汗了！”这是他参加逻辑思考培训时，与MECE原则、“So What?/Why So?”和逻辑模型打了一天交道后，发自肺腑的真实感受。听到这句话，我很受启发，觉得他说得非常好，一语切中了本质。

当我反思自己平时运动不够，下定决心前往健身房锻炼身体时，我切实感受到了“逻辑思考就是一种健身训练”。健身教练经常说：“为了锻炼肌肉，你必须挑战‘接近自身能力极限’的负荷，这一点非常重要。轻松的训练，无论做多少，都不会增加肌肉。你应该以能令自己流汗的负荷为标准，不断地踏实训练。”

逻辑思考与之如出一辙。如果光是在大脑中理解“确实是这种方法啊”，最终必将一无所成，白白浪费宝贵的资源。唯有像那位商务人士一样，聚精会神地在头脑中思考“如果按照MECE原则对这些内容进行分类的话……”“如果运用‘So What?’进行分析的话……”，累得满头大汗并坚持到底，才能真正达到培训效果。

无论是提升逻辑思考水平，还是健身塑形，都不是一蹴而就的，没有速成捷径。为了创造出成果，我们必须持之以恒地付出汗水和努力。正如只要认真训练就可以练就健美的肌肉一样，如果能做到认真练习，无论是谁都可以找到掌握逻辑思考方法的正确途径。学习不需要特殊的才能。当你要写一封比较重要的邮件，或者准备发语音信息时，你可以试着找找想得满头大汗的感觉，集中全部精力研究：“这些信息应该怎样按照MECE原则分类？”“如果运用‘So What?’进行分析的话，将会出现怎样的结果？”

◎应当避免的常见错误案例2

第二种常见的错误的总结方法是“重复第三层型”，如图3–9所示。虽然图中列举了许多内容，但是第二层的说明内容只不过是简单重复第三层的说明内容而已，在调动主观能动性和提升技术水平的措施方面，特点并不明显。读者可能会想着再次对其进行“So What?”分析。这样是无法表达说明内容的本质的。

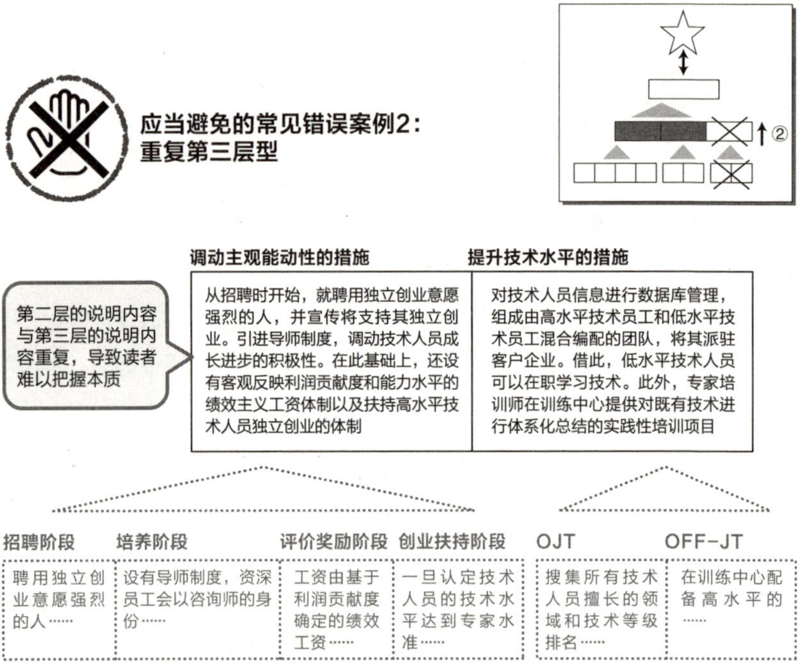

图3–9　步骤3：未能自下而上正确运用“So What?/Why So?”分析明确第二层的说明内容——重复第三层型

◎应当避免的常见错误案例3

第三种常见的错误的总结方法是“上下不一致型”，如图3–10所示。调动主观能动性的措施为“充分反映成果大小和能力高低的评价奖励机制和创业扶持体制，以期调动技术人员的积极性”。在之前运用“So What?”进行分析的第三层说明内容中，也提到了招聘和培养的机制。这些是非常重要的。与之相对，在说明提升技术水平的措施时，

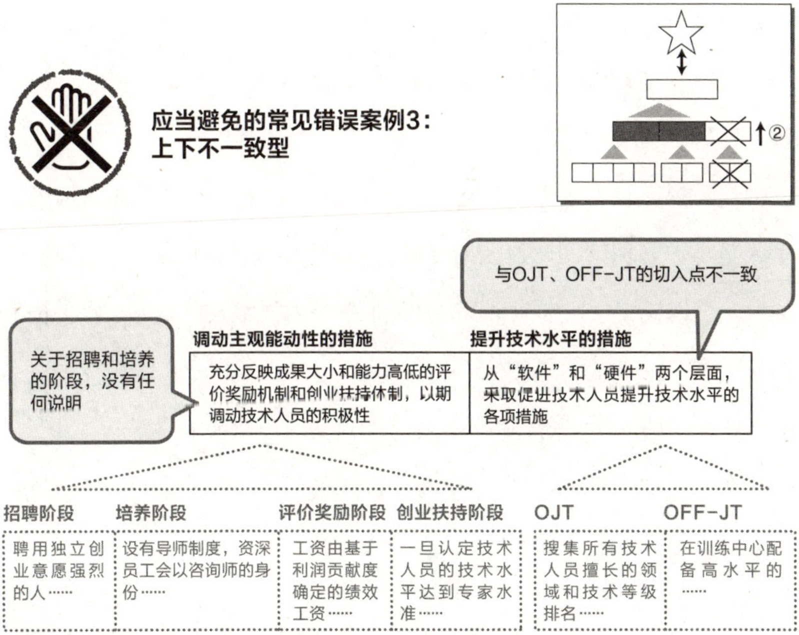

图3–10 步骤3：未能自下而上正确运用“So What?/Why So?”分析明确第二层的说明内容——上下不一致型

用到的说法是“从‘软件’和‘硬件’两个层面……”，而第三层的说明内容分为OJT和OFF–JT。这种上下说明内容不一致的情况，会导致读者感到混乱，分不清楚究竟什么才是真正重要的信息。

◎理想的案例

下面，请大家结合图3–11分析一下理想的案例。

关于调动主观能动性的措施，最大的特点是在招聘、培养、评价奖励以及创业扶持四个人员管理的不同阶段，采取的措施都是为了调动人的主观能动性。我们可以根据各个阶段采取的措施的特点，对这种共性进行总结。

作为提升技术水平的措施，包括低水平技术人员可以向高水平技术人员学习、派遣团队以及对专家培训师技能进行体系化总结的培训项目。可以说，这些OJT和OFF–JT都是单位内技术人员学习高水平技术的机会。

在第二层的说明内容中，这些共同点变成了重要的要素。

在完成“So What?”后，我们必须自问自答“Why So?”，并充分验证第三层是否满足回答的要求。

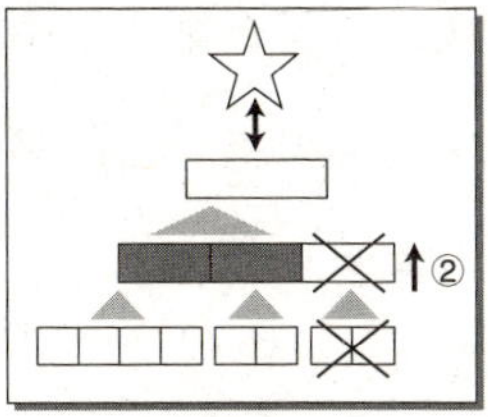

理想的案例

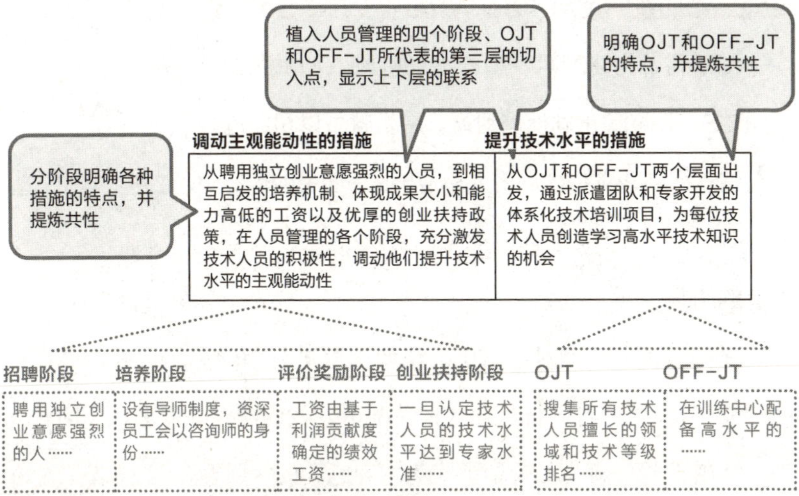

图3-11 步骤3：自下而上正确运用“So What?/Why So?”分析明确第二层的说明内容

关键

在仅读完第二层说明内容的情况下，如果想通过“So What?”来正确把握调动主观能动性和提升技术水平的措施的整体情况，需要注意三个关键：一是从第三层中正确推导出核心内容，在此基础上，应明确具体内容，避免乱用“如下所示”和“各种各样”等模糊的表现形式；二是在第二层中植入第三层的切入点，明确体现上下层的联系；三是如果推导出的多个核心要点中存在共性，应对具体的共性内容进行说明。

③对结论的说明运用“So What?/ Why So?”进行分析

终于到了构建逻辑模型的最终阶段。如果我们运用“So What?”正确推进到第二层，就可以切实进行归纳总结，并对结论运用“So What?”进行分析。

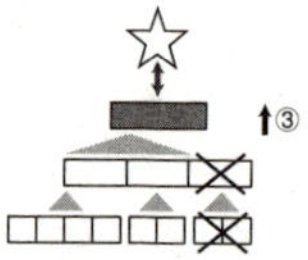

思考的问题

现在，我们需要对第二层的说明内容进行归纳总结，并对结论运用“So What?”进行分析。在这种情况下，我们需要综合考虑“问题”和“结论雏形”，确保结论能够成为“问题”的“回答”。

解释说明

◎应当避免的错误案例

关于结论的“So What?”，如第二层的“So What?”所示，应该避免的错误总结方法可以分为“忽视‘So What?’型”“重复第二层型”“上下不一致型”三种。

下面，我们试着结合图3-12进行分析。

针对“忽视‘So What?’型”的问题，如果我们可以明确指出“构建了固定机制”中的“固定”具体是指什么，问题的本质瞬间就会变得清晰起来。

“重复第二层型”的问题在于需要在此基础上进一步聚焦关键本质。

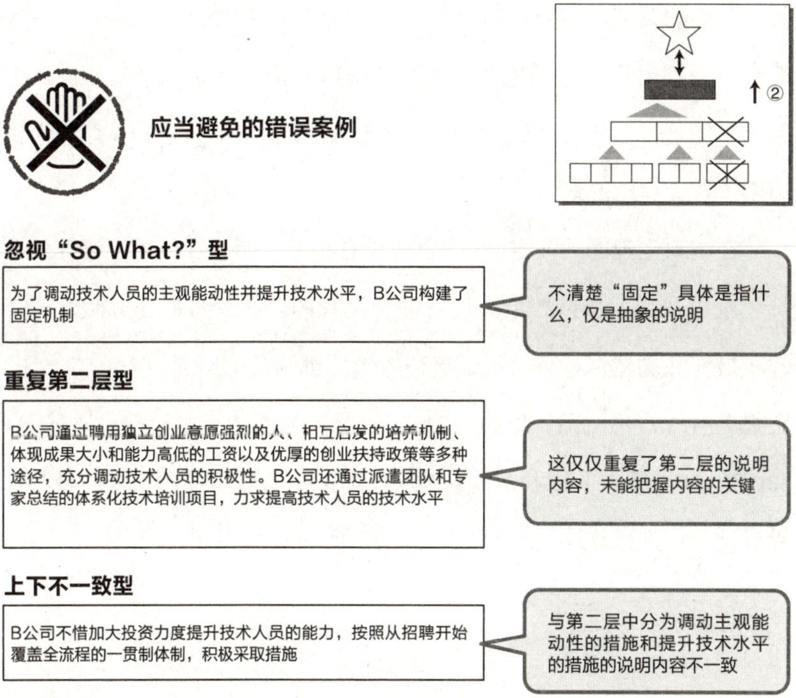

图3-12 步骤3：未能自下而上运用“So What?/Why So?”分析明确结论的说明内容

“上下不一致型”的问题在于，“按照从招聘开始覆盖全流程的一贯制体制采取措施”并不是真正的结论，如果将第二层的切入点归纳为调动主观能动性的措施和提升技术水平的措施，会导致上下文的意思脱节。在划分阶段时，我们应该将招聘阶段设定为起点。

◎理想的案例

理想的案例，如图3-13所示。根据B公司的特点，我们应该先列举的亮点是同时推进调动主观能动性的措施和提升技术水平的措施。但是，单凭这一点作为结论，是无法充分展现B公司的特色的，令人感到力度不够，有所欠缺。

在调动主观能动性方面，B公司设有相关机制，在招聘、培养、评价奖励以及创业扶持四个人员管理全流程的阶段，可以充分激发员工的积极性和创造性。可以说，这种周密的机制是B公司的特色。此外，在提升技术水平方面，B公司构建了以单位为基础，积极推进通过OJT和OFF-JT将高水平技术人员掌握的技术推广至全体技术人员的机制。针对这一点进行总结的内容如图3-13所示。

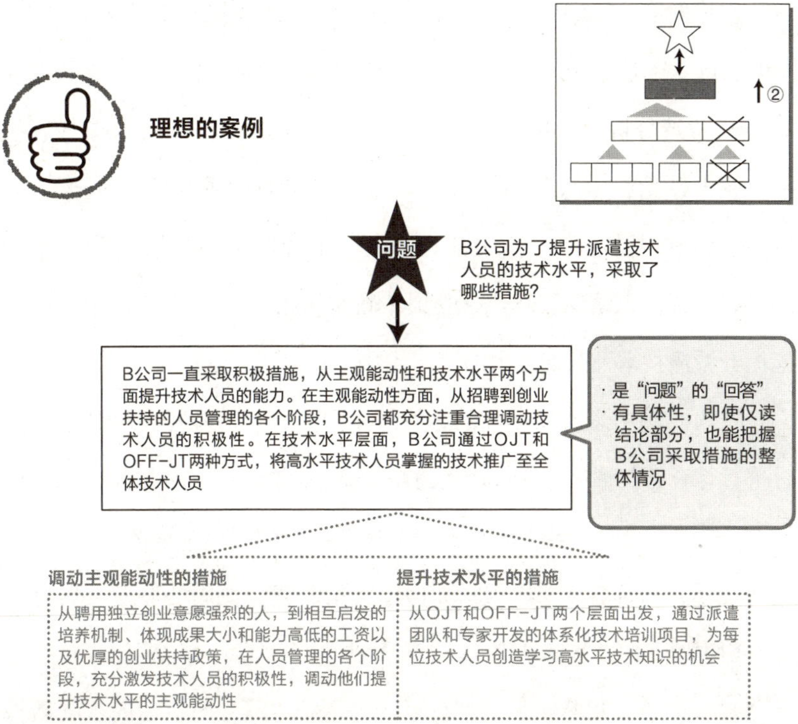

图3-13 步骤3：自下而上运用“So What?/Why So?”分析明确结论的说明内容

关键

如图3-11所示，在对第二层的说明内容运用“So What?/ Why So?”进行分析时，我们需要注意三个关键：明确下一层说明内容的本质，推导出本质中存在的共性；植入下一层说明的切入点；展现上下层之间的关联性。

在根据第二层的说明内容对结论运用“So What?/ Why So?”进行分析时，除了上述三个关键以外，我们还需要注意两点：一是在运用“So What?”进行分析时，我们需要有效回答一个问题：“B公司采取了哪些措施提升派遣技术人员的能力？”；二是掌握好“颗粒度”，既要把握B公司特征的整体情况，又要兼顾一定程度的细节，确保那些工作繁忙的读者只要读完结论，就能感受到“确实如此，B公司就是采取这些措施提升派遣技术人员的能力的”。

将图3–13中理想的案例的结论置于顶点，对步骤1至步骤3中的内容进行综合，就形成了完成版的逻辑模型，如图3–14所示。

正如本章所述，构建逻辑关系是指纵向使用“So What?/ Why So?”构建关系，横向按照MECE原则构建关系。我们使用的思考工具只有MECE原则和“So What?/ Why So?”两种。实际上，这样构建逻辑关系是非常简单的，我希望大家充分运用这两种工具。与运动的基础训练相同，如果我们从平时开始就有意识地扎实进行逻辑写作训练，必然可以迅速并且正确地掌握逻辑写作的技巧。

专　题

冷静理性的逻辑思考和心领神会的交流

“当今时代，对于经营活动而言，运用逻辑思考进行具有说服力的说明是不可或缺的。与此同时，在经营一线，敏锐地捕捉到客户发出的暗示，并立即用客户想听的和希望了解的内容给出回应，这种充满速度感的沟通和交流也是至关重要的。这两点都非常重要，但看起来却是相互矛盾的。两者之间的关系到底如何呢？”这是某公司销售部门的主管向我提出的疑问。

我们将能够迅速回答对方希望了解的问题的沟通方式称为“心有灵犀的交流”。从表面来看，这种沟通方式与逻辑或者逻辑思考之间确实是相互矛盾的。但是，实际上，从本质来看，两者之间是存在密切联系的。

在逻辑模型中，纵向的多个要素是按照“So What?/Why So?”构建关系的，横向的多个要素是按照MECE原则构建关系的。当双方的话语体系对不上时，对方需要的信息和你传递出的信息之间就会出现横、纵方向上的位置偏差。比如在推荐某项服务时，客户想要听到的明明是通过这项服务可以在多大程度上提高产品质量，而你说明的都是关于这项服务在提高效率方面的作用。再比如针对那些只对逻辑模型中的结论和直接支撑结论的第二层要素感兴趣的客户，如果你过细地阐述第三层和第四层的琐碎信息，就完全跑偏了，根本吸引不了对方的注意力。

培养“横”与“纵”的感觉也是非常重要的。如果我们能够运用横、纵方向上的规则对信息进行梳理，就可以从对方的提问或只言片语出发，按照“兼顾效率和效果两个方面”的原则，按照MECE原则进行分类，从而准确调整说明的方向。此外，我们还需要考虑到纵向如何分级、分层，比如“我现在需要的不是个别的具体细节，而是第二层中经过汇总后的信息”，或者“我需要的就是第三层的具体论述”。这样一来，我们就可以从对方表达的内容中发现关键线索，从而迅速给出对方需要的信息，真正达成默契，做到心领神会。

冷静、理性的逻辑思考和心领神会的交流并不是相互矛盾、绝对对立的。可以说，熟练运用逻辑思考法，是掌握心领神会交流的秘诀的必由之路。

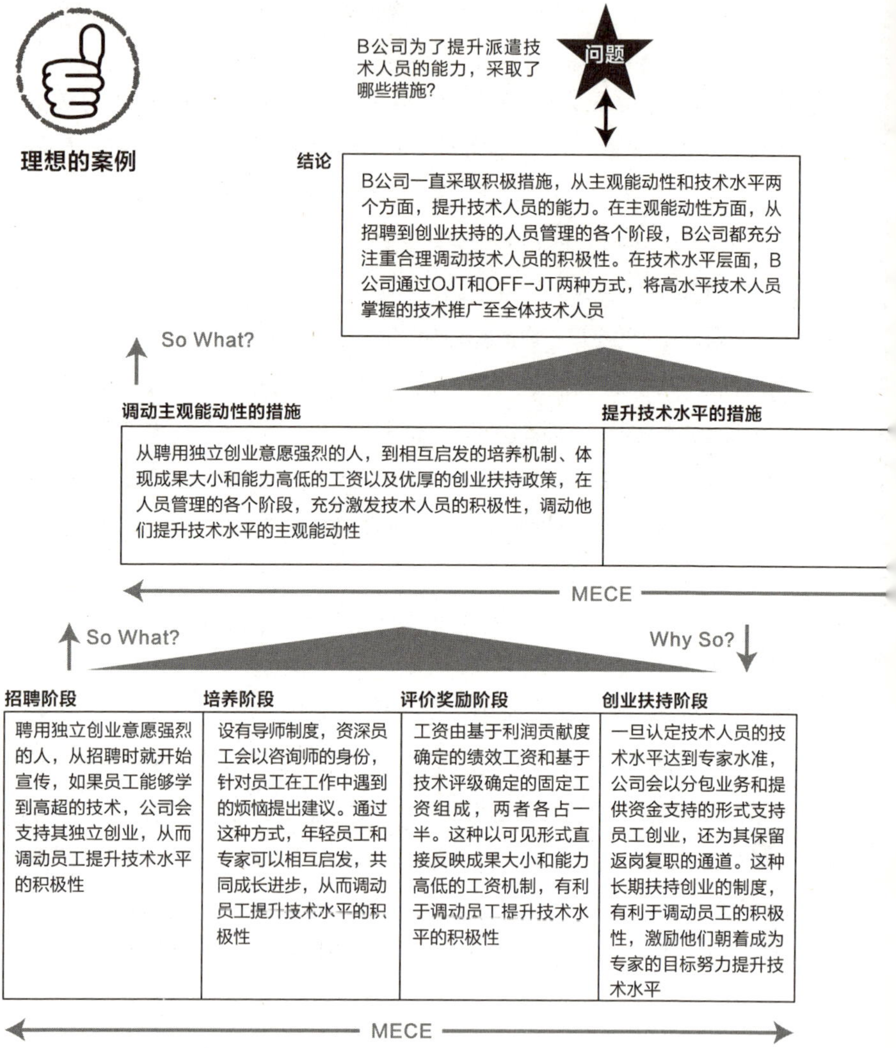

图3-14 完成版的逻辑模型

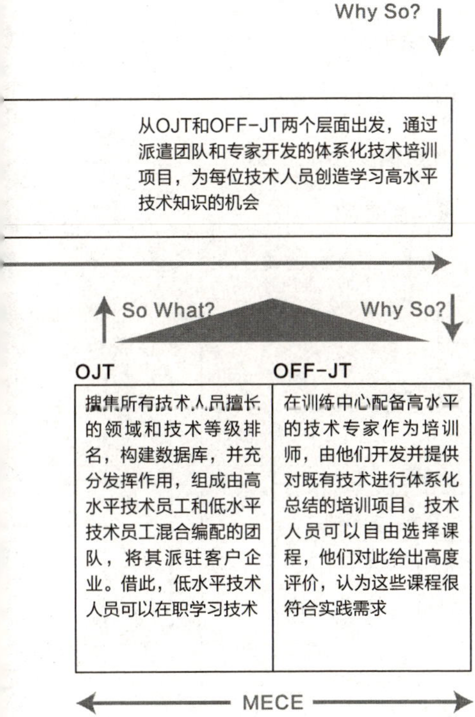
Why So?
从OJT和OFF-JT两个层面出发，通过派遣团队和专家开发的体系化技术培训项目，为每位技术人员创造学习高水平技术知识的机会
So What?
Why So?
OJT
OFF-JT
搜集所有技术人员擅长的领域和技术等级排名，构建数据库，并充分发挥作用，组成由高水平技术员工和低水平技术员工混合编配的团队，将其派驻客户企业。借此，低水平技术人员可以在职学习技术
在训练中心配备高水平的技术专家作为培训师，由他们开发并提供对既有技术进行体系化总结的培训项目。技术人员可以自由选择课程，他们对此给出高度评价，认为这些课程很符合实践需求
MECE

3.对逻辑模型进行自我检查

在运用逻辑模型构建正文之后，我们需要检查对于读者而言这个模型是否真正易于理解，又该从哪里出发、按照怎样的顺序表示已经构建好的要素。自我检查的关键，具体如图3–15所示。

●检查点1：是否合理回答读者提出的“Why So?”的疑问？

●检查点2：主旨是否清晰明了？

●检查点3：是先表明结论，还是先表明论据？

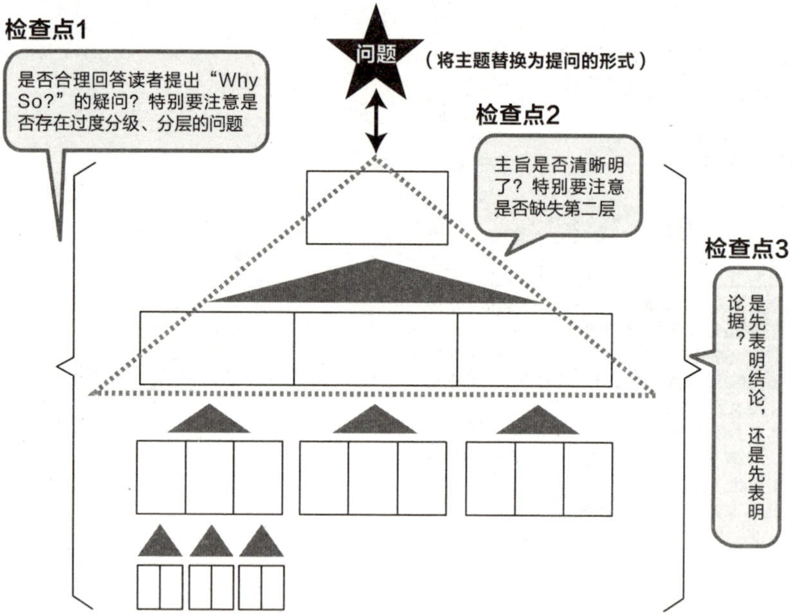

图3–15 对逻辑模型进行自我检查的关键

检查点1：是否合理回答读者提出的“Why So?”的疑问？

在构思说明内容时，如果我们觉得“写这么多就差不多了”，往往就会出现说明不充分的问题，反之又可能出现说明过于琐碎的问题。因此，我们需要对完成构建的逻辑模型进行检查，明确是否能够合理回答读者提出的“Why So?”的疑问。

对于逻辑模型的初学者而言，经常会出现过度分级、分层的错误倾向。如图3-16所示，上文提到的B公司的案例，属于对逻辑模型的结构进行四层分级的例子。整个结构看似精细、完美，但是在实际读完说明内容后，我们就会发现这样是难以把握“So What?”的：第三层的说明还停留在重复标题的程度，作为对第二层的内容进行“Why So?”说明的内容又欠缺具体细节；第四层切分得过于琐碎，让人根本抓不到“So What?”的重点。分为四层进行说明，导致横向和纵向的框架都变得越来越复杂。此外，从纵向来看，这样分级淡化了实质内容，说明也变得冗长乏味。

这样看来，如图3-14所示，还是按照前文构建的完成版逻辑模型，也就是三层结构的说明显得更加简洁。我们需要经常进行检查，明确构建的逻辑模型是否能够合理地回答“Why So?”，并确保整体架构简洁清晰。可以说，逻辑模型越紧凑，说明的效果就越好。

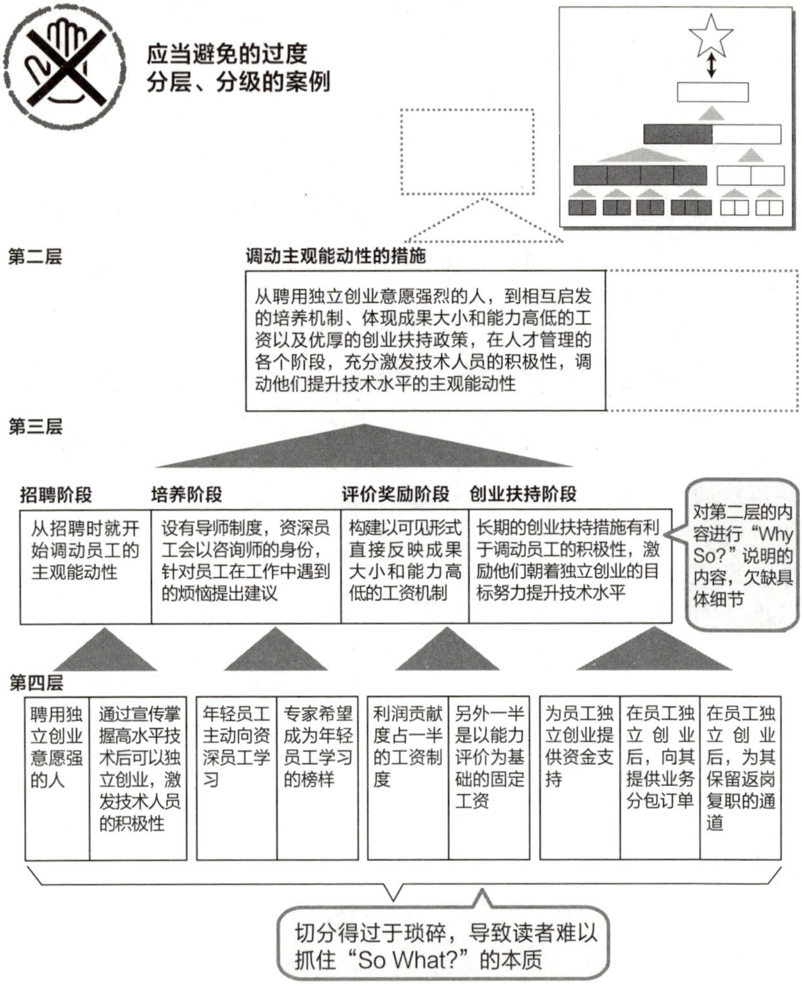

图3-16 检查点1：是否合理回答读者提出的“Why So?”的疑问？（B公司的案例）

检查点2：主旨是否清晰明了？

结论是什么？支撑结论的直接论据有多少？分别是什么？这种对正文的本质进行提炼总结的内容就是逻辑模型的“主旨”。在通过逻辑模型构建正文时，我们对结论及第二层的要素进行汇总的内容就是“主旨”。在图3–17中，位于逻辑模型上部的三角形部分就是“主旨”。以图3–14中B公司的报告内容为例，主旨包括结论、第二层中调动主观能动性的措施及提高技术水平的措施三个要素。

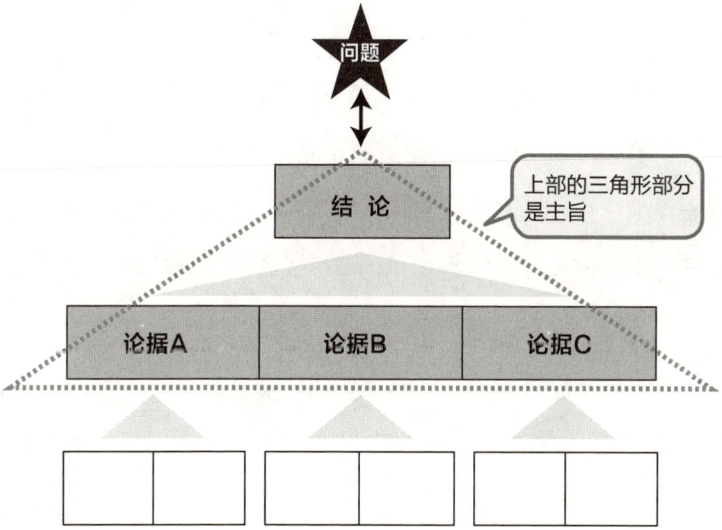

图3–17 检查点2：主旨是否清晰明了？

在构建逻辑模型之后，我们需要对位于顶点三角形部分的“主旨”进行确认，明确：结论是什么？结论中有多少用来回答“Why So?”的直接论据？分别是什么？

如果翻一下身边的商务文书，我们就会发现许多商务文书都是缺少“主旨”要素的。时至今日，重视结论的理念已经深深植入广大商务人士的心中，在具体说明问题的过程中，已经很少出现缺少结论的情况。存在问题较多的是虽然有结论，但是缺失支撑结论的逻辑模型的第二层。我认为“缺失对第二层的说明”是典型的不易理解的结构。

图3-18以B公司的案例为背景，展示了缺失第二层结构的例子。在该图中，第二层只有标题，缺少对第三层进行概括并实施“So What?”的说明。直接支撑结论的论据变成了第三层的要素，这导致说明的纵向流程中存在遗漏之处。此外，从第三层开始直接对结论运用“So What?”进行分析并不是一件简单的事，需要耗费大量精力，因此容易得出忽视“So What?”的结论。

作者（信息传递方）关注的重点容易集中在结论和第三层的各个论点中。但是，读者想要了解的却是“主旨”：结论是什么？结论中包含多少个论据？分别是什么？。如果读者能正确理解“主旨”，或许就可以节省阅读第三层中细节信息的时间和精力。因此，我们需要对第二层的说明进行检查，确认是否正确运用了“So What?/ Why So?”。

在第5章中，我将介绍按照文章风格对逻辑模型中各个要素进行描述的方法。对于读者而言，如果采取相应的方法，就更容易通过纸面信息了解逻辑模型的“主旨”。

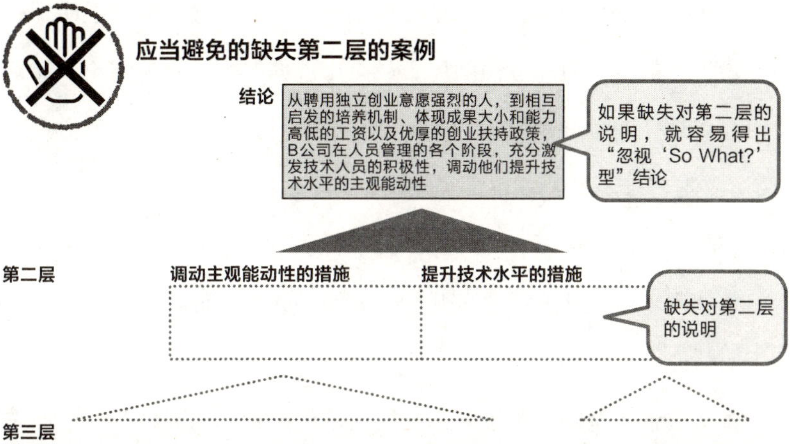

第三层

招聘阶段	培养阶段	评价奖励阶段	创业扶持阶段	OJT	OFF-JT
聘用独立创业意愿强烈的人，从招聘时就开始宣传，如果员工能够学到高超的技术，公司会支持其独立创业，从而调动员工提升技术水平的积极性	设有导师制度，资深员工会以咨询师的身份，针对员工在工作中遇到的烦恼提出建议。通过这种方式，年轻员工和专家可以相互启发，共同成长进步，从而调动员工提升技术水平的积极性	工资由基于利润贡献度确定的绩效工资和基于技术评级确定的固定工资组成，两者各占一半。这种以可见形式直接反映成果大小和能力高低的工资机制，有利于调动员工提升技术水平的积极性	一旦认定员工的技术水平达到专家水准，公司会以分包业务和提供资金支持的形式支持员工创业，还为其保留返岗复职的通道。这种长期扶持创业的制度，有利于调动员工的积极性，激励他们朝着成为专家的目标努力提升技术水平	搜集所有技术人员擅长的领域和技术等级排名，构建数据库，并充分发挥作用，组成由高水平技术员工和低水平技术员工混合编配的团队，将其派驻客户企业。借此，低水平技术人员可以在职学习技术	在训练中心配备高水平的技术专家作为培训师，由他们开发并提供对既有技术进行体系化总结的培训项目。技术人员可以自由选择课程。他们对此给出高度评价，认为这些课程很符合实践需求

图3-18 检查点2：主旨是否清晰明了？（B公司的案例）

检查点3：是先表明结论，还是先表明论据？

“逻辑构思”和写作（或者说明）时的“说明顺序”是截然不同的。在构建逻辑模型时，结论位于顶点，但是在表述（或者说明）构建逻辑模型的要素时，按照顺序，最先出现的并不一定是结论。如果我们简单地认为按照逻辑表达等同于在说明时先提出结论，就太过武断了。这样一来，我们就很难实现有效的沟通、交流。

如图3–19、图3–20所示，写作（或者说明）的顺序包括两种：

●从逻辑模型的上层要素开始向下层要素展开说明时，我们应该先表明结论。

●从逻辑模型的最下层要素开始向结论进行说明时，我们应该先表明论据。

在构建逻辑模型时，我们需要明确按照什么顺序写作，也就是需要确定展开说明的顺序。为了决定是从结论开始说明还是从论据开始说明，我们可以从以下三个角度思考：

●谁设定了沟通交流的主题？

●读者对于结论的态度是什么？

●我们希望读者如何理解正文？

从结论开始展开说明的有效案例

①在读者设定主题后等待回答的情况下

某企业的分公司在接到总公司下达的“希望汇报关于 × 商品的销售状况”的指示后，准备编写报告。下达汇报指示的总公司一直在等待分公司回复，希望了解 × 商品的实际销售状况。对于读者而言，如果作者在洋洋洒洒地大书特书之后，以“So What?”的形式表明结论，就会令读者有一种拖拖拉拉的感觉。因此，在针对指示或委托汇报和回复由读者设定沟通交流主题的情况下，我们应该先表明结论。

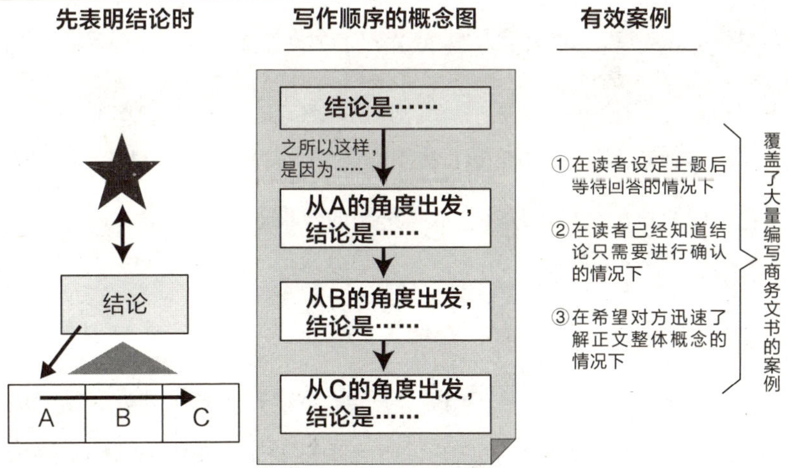

图3-19　检查点3：是先表明结论，还是先表明论据？（1）

②在读者已经知道结论只需要进行确认的情况下

有时，在了解会议纪要或需要确认的事项摘要等与读者共享沟通交流的内容之后，我们需要编写文书进一步确认、核实相关内容。在这种情况下，对于读者而言，如果从结论开始入手，就会感到简洁明了，不会产生拖沓冗长的印象，实现高效沟通交流。

③在希望对方迅速了解正文整体概念的情况下

我们可以试想一下，系统设计和机械设备设计说明资料以及介绍新商品复杂特性的文书和展示资料等，在列举详细信息后，往往会进行归纳总结，说明“也就是说，××中最关键的就是A、B、C三点”，读者可能更容易接受相反的顺序。如果读者能先读到“结论”：“××中最关键的是A、B、C三点”，再分别了解“A是……”“B是……”“C是……”的具体信息，就不会感到困惑，易于迅速了解整体情况。

大多数商务文书都符合①和③的情况。可以说，如果我们能先以结论的形式给出结果，往往会取得理想的效果。

从论据开始展开说明的有效案例

与之相反，在日常工作中，也存在从逻辑结构的下层开始向上层，就是从论据开始向结论展开说明的商务文书，如图3-20所示。

①在作者自行设定主题的情况下

如果我们想要写关于某个方案的文书或委托文书，就符合这种场景。在这种情况下，读者往往很难感受到这一主题究竟想要传递什么信息。

面对这一局面，如果我们突然阐述结论，明确表示“具体推荐××”或者“希望采取××措施”，会令人感到唐突费解，恐怕会招致反感。我们最好能从论据出发开始说明，然后阐明结论，表示“具体推荐××”或者“希望采取××措施”，这样可能会取得理想的效果。

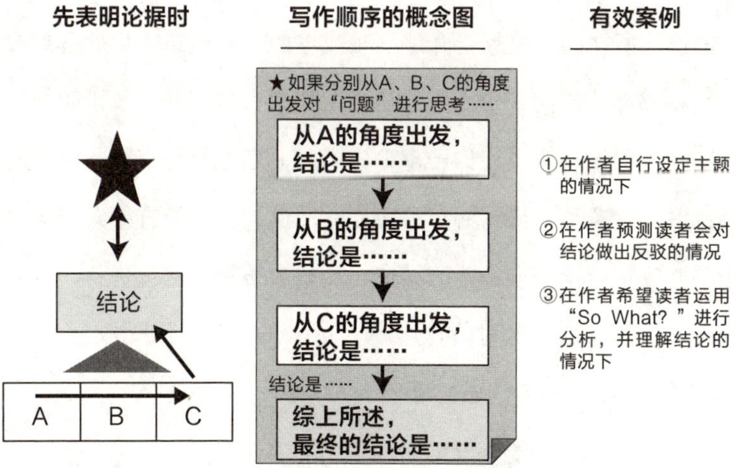

图3-20 检查点3：是先表明结论，还是先表明论据？（2）

②在作者预测读者会对结论做出反驳的情况下

有时，我们必须提出与对方设想完全不同的结论，或者与对方利益存在冲突的结论。当然，从广义上理解沟通交流，如果我们从开始就明确提出令对方出乎意料的结论，反而可能吸引对方的兴趣，激发他们对正文的期待和关心。

然而，在商务实践中，情况并非如此，如果我们突然抛出不符合对方预期的结论，往往会招致对方的反感，导致沟通交流陷入僵局。在这种情况下，最理想的方法就是先从论据说起，然后将对方引向对这些论据运用“So What?”进行分析后的结论。

③在作者希望读者运用“So What?”进行分析，并理解结论的情况下

假设你所在的单位想要开展削减成本的业务改革。你准备以改革委员会秘书办公室的身份面向单位内的相关人员召开改革说明会，需要编写相关的说明资料。你希望单位内的员工充分理解削减成本的必要性，并接受改革是势在必行的事实。因此，你不能直接向与会人员抛出“必须执行这个方案”的结论，而是应该提供相关资料，充分表明论据，引导参会人员对信息运用“So What?”进行分析，并得出结论，这样才能实现高效沟通交流。

在实际的商务交流中，我们经常会遇到上述六种情形重复、交叉

出现的情况。对此，我们需要根据哪种情形最为重要，决定是“先表明结论”还是“先表明论据”。

上文中提到的B公司的报告，是按照项目小组领导下达的指示制作完成的。由于这是针对行业内成功案例的说明材料，除了领导以外的项目成员很难对报告结论本身提出反对意见。因此，如图3-21所示，我们可以按照自上而下的顺序，先提出结论，再展开说明。

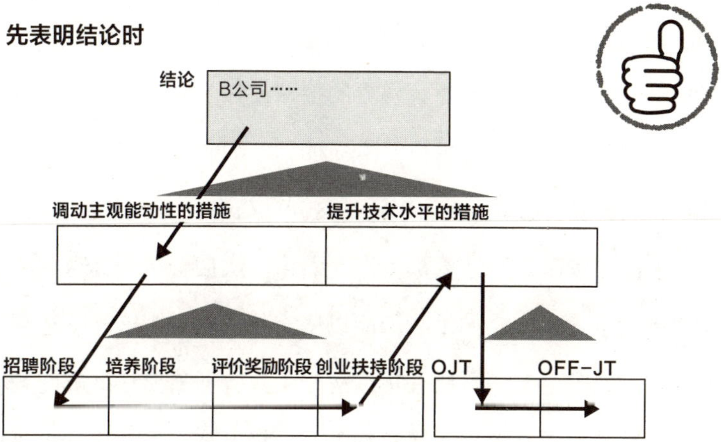

图3-21 检查点3：是先表明结论，还是先表明论据？（B公司的案例）

* * *

我们应当确保应该回答的“问题”是明确的，这是对正文进行逻辑构建的大前提。

在此基础上，如果经过信息搜集和研究讨论后，针对“问题”的结论仍然是含混不清的，我们就需要提前掌握构建结论和论据的流程，这一点至关重要。首先，我们要试着对论据按照MECE原则进行分类。在这里，重要的是充分重视MECE原则的切入点，根据每个分组的内容命名标题，并明确说明其内容。然后，我们要从MECE原则的切入点出发，从论据开始向结论展开，对说明内容运用“So What?/ Why So?”进行分析。在这里，我们不仅要罗列关键词，更重要的是明确地细化具体内容。在完成逻辑模型的构建工作之后，我们必须进行自我检查，明确是否合理地回答了读者对于“Why So?”的疑问、主旨是否清晰明了、说明的顺序是否合适。这同样是不可或缺的。

无论是汽车还是计算机，当人们第一次接触新工具时，或多或少总会感觉不太适应。如果我们能以坚定的意志克服这种不适感，坚持不断使用，就会发现自己在灵活运用工具方面需要注意的问题和改进之处，从而掌握具有个人特色的工具使用方法，并将这种工具使用方法转化为自己的财富。逻辑思考的工具也是如此，希望大家在实践中不断体会逻辑思考工具的使用方法。

附论　针对多逻辑模型的自我检查

在B公司的案例中，针对“B公司采取了哪些措施提升派遣技术人员的技术水平？”这个“问题”，我们运用一个逻辑模型构建了“回答”。假设将主题替换为多个“问题”，那么我们就需要运用不同的逻辑模型构建针对这些问题的“回答”。针对单个逻辑模型，可以按照本章第3节中的要点进行检查。在这里，我将以多个逻辑模型构成的正文的整体结构为对象，试着分析自我检查的检查点，具体包括“是否回答了应该回答的‘问题’？”“主旨是否清晰明了？”“各个逻辑模型之间的说明是否平衡、合理？”三个检查点，如图3-22所示。

围绕“关于提高×产品市场占有率”这一主题，展示了对上述三点进行检查后形成的报告的正文结构，如图3-23所示。下面，我们分别来看一下各个检查点。

检查点1：是否回答了应该回答的“问题”？

如第1章所述，在准备构建逻辑模型时，我们需要对应该回答多少个、什么样的问题进行确认。在准备阶段，即使“问题”本身是清晰明了的，但在开始构建逻辑模型时，我们还是容易陷入迷惑的窘境。在实际操作过程中，我们也可能面对资料准备不充分的情况。因此，我们先要检查，确认是否回答了应该回答的所有“问题”。

如第1章所述，当主题最终要求说明某种具体措施时，我们可以将主题分为“现状如何？”“存在的问题是什么？”“措施是什么？”三类“问题”。“关于提高×产品市场占有率”的主题也符合这一规律，因

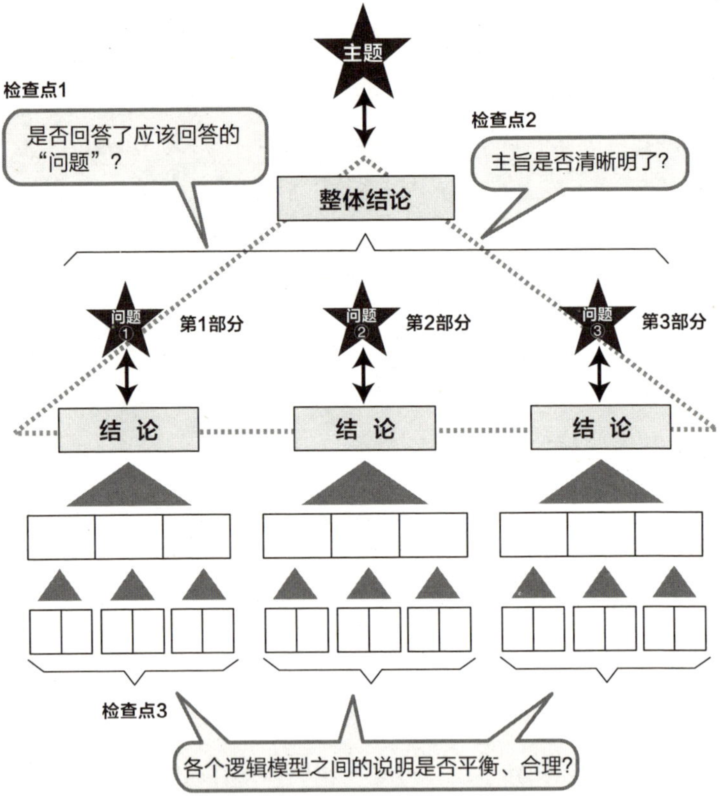

图3-22 针对多逻辑模型构建的自我检查

此我们可以将主题替换为三个问题：问题①“×产品的现状如何？”、问题②“×产品的市场占有率持续低迷的原因是什么？”和问题③“为了提高×产品的市场占有率，我们应该采取什么措施？”。

但是，如果我们看一下商务文书，就会发现遗漏必要问题的情况并不少见。以图3–23为例，特别值得我们关注的是由于遗漏了“存在的问题是什么？”的问题，导致缺失问题②“×产品的市场占有率持续低迷的原因是什么？”。结果，直接从问题①的回答“针对现状的说明”：“在与对手的竞争中，×产品处于劣势地位，市场占有率也偏低”，跳到了问题③的回答“针对采取措施的说明”。在这种情况下，即使明确提出“需要提升×产品的质量、提高面向销售代理商的提成奖励、制作促销传单和举办培训”等措施，也难以令读者相信“执行这些措施就能提高×产品的市场占有率”。作为连接现状和措施的纽带，针对应该解决的存在的问题进行提问的“问题”及其“回答”是不可或缺的。我们需要对是否遗漏这类“问题”进行检查。

顺便提一下，如图3–22所示，如果将针对一个“问题”的“回答”单独归纳为一部分，各部分中应该说明的内容是什么就会变得更为清晰明了。对于读者而言，正文整体的结构也会变得更容易理解。

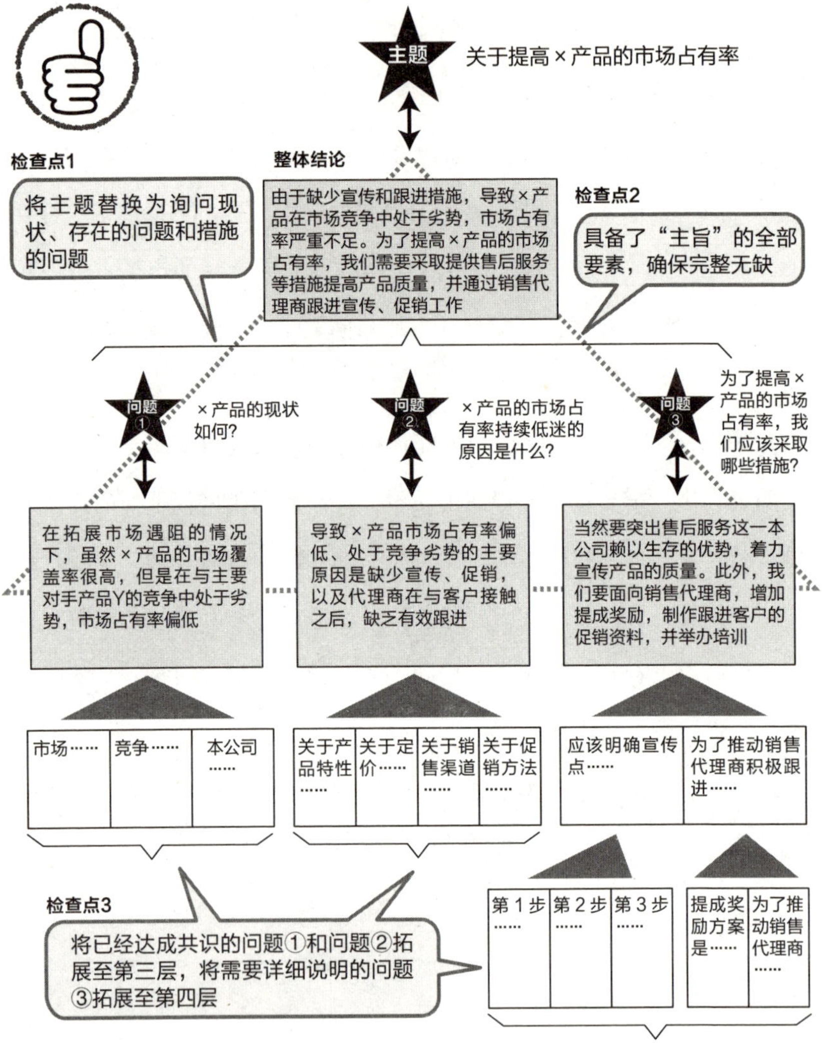

图3-23 经过自我检查后的结构示意图

检查点2：主旨是否清晰明了？

我们需要对“主旨”进行确认。在运用多个逻辑模型构建正文的情况下，“主旨”就是各逻辑模型结论和经过“So What?”分析后的整体结论的组合，如图3-22所示。如果“问题”和“结论”是一一对应的，每部分的结论和经过“So What?”分析后的整体结论就变成了“主旨”。在图3-23中，主旨是用阴影标记的四个要素。

此外，在运用单个逻辑模型构建正文的情况下，“主旨”是结论和第二层要素的组合，如图3-17所示。

特别值得注意的是，由于缺少每部分的结论，往往会导致各个结构的主旨不清。时至今日，大多数读者都能意识到整体结论是不可或缺的。不管内容本身是否对正文进行了准确、全面的“So What?”分析，缺失整体结论的情况现在已经非常少见了。但是，由于缺少每部分的结论，在许多结构中，出现了支撑整体结论的论据是各部分逻辑模型第二层之后的要素的问题。逻辑模型经常会出现第二层缺失的问题，甚至导致支撑整体结论的论据变成了对第三层的说明，如图3-18所示。这样一来，信息接收方根本无法抓住主旨，也就无法掌握有多少个、什么样的论据在支撑整体结论。

上文中主要介绍了由于没有按部分归纳结论因而影响理解效果的问题，这类案例不仅经常出现在正式文书中，还经常出现在展示资料中。

希望大家多多留心，注意按部分归纳结论。

检查点3：各个逻辑模型之间的说明是否平衡、合理？

我们要对各个逻辑模型之间说明的权重是否平衡、合理进行检查，充分完成第1章“构思的准备”，对沟通设置进行确认。如果我们能够明确应该围绕哪个“问题”进行说明，将会对文书写作提供很大的帮助。

在按照图3–23的逻辑模型编写的报告中，我们已经就问题①“×产品的现状如何？”和问题②“×产品的市场占有率持续低迷的原因是什么？”的回答，与作为汇报对象的上司达成一致。现在，我们应该将重点放在说明问题③“为了提高×产品的市场占有率，我们应该采取什么措施？”上，可以将其视为构建逻辑模型准备过程中的考察工作。

在这种情况下，我们需要大体确认问题①和问题②的回答，并详细准备问题③的回答。在图3–23中，问题①和问题②的逻辑模型需要细化至第二层，问题③则需要细化至第三层。如上所述，我们需要对说明内容进行梳理，确保详略得当，不要只关注自己能写的和自己想写的内容，而要详细说明自己应该写的内容。

第 4 章
导语的构思

对于文章的导语，有许多名称，比如“序言”“报告（方案）的引言”“报告（方案）的背景”“致辞”等。但是，无论使用哪种名称，商务文书中导语的功能都是固定的。当你想要吸引读者进入正文时，可以对对方说“确实如此，这份文书讲的是这件事情，请您先读一下开头试试”，以此营造沟通交流的基础。从读者的角度来看，导语是指向正文的路标。与正文相比，导语的篇幅更短。但是，导语的地位和作用不容忽视。为了切实带动读者做出预期的反应，我们必须重视导语的作用，这是不可或缺的。

在导语中，我们需要对沟通涉及的关键要素——“写什么、为了什么写、谁写、写给谁”进行说明。下面，我将具体分析，对于读者而言，基于什么观点对哪些要素进行梳理说明，可以更为有效地发挥导语的作用。

1.从应当避免发生的错误案例中学习

对于很多从事编辑服务工作的人而言，最为深切的感受之一就是：在现实生活中，许多作者并不重视导语部分的作用。不少作者的认知水平还停留在如果时间充裕就认真写写、如果没时间就算了的程度，甚至还有作者根本不知道从哪里切入主题。这样就会出现读者从最开始读文章时就感到费解，根本不清楚作者为什么要写这篇文章的问题。

如果对这些文章中常见的应当避免的错误导语进行分析，我们可以总结出三种典型类型。下面，我将对经常出现的错误导语的典型案例及其改进方案进行对比，让大家正确把握什么样的导语才能成为引导读者的阅读路标。

埋没忽视型

例文4-1是制造商阿尔法公司发送给销售代理商的文书。在该文书中，开头致辞部分有两行。存在问题的是致辞下面“众所周知，在此不再赘述”之后的内容。如果你是销售代理商的负责人，面对这种情况，你会产生怎样的感觉呢？恐怕在读下去的同时，你会感到惴惴不安，心里总惦记着“这是怎么回事啊？”“究竟想让我们做什么呢？”。

只有读到最后，读者才会恍然大悟：原来阿尔法公司要启动V21计划，需要销售代理商提供支持和帮助，之所以发送这份文书，是想邀请我们出席推介会。既然这样，为什么不在开头就明确表达呢？这才是应该在导语中说明的“写什么、为了什么写”。

像这样导语部分的要素被埋没在正文中的文书不胜枚举。当我们对自己的思维过程进行回溯时，可能得到下述结论：“……基于这个原因，针对××，做出××的判断”，或者“不得不面对××波折，反复××。因此，针对××，我们希望能得到大家的支持和帮助”。

下面，我试着分析经过改进的例文4–2。比较大的变化是将希望得到代理商的理解和支持，诚挚邀请代理商出席“V21计划”推介会，这

例文4–1　应当避免的常见导语错误类型——埋没忽视型

面向销售代理商的会议邀请函

××××年××月××日

各位销售代理商：

敬启！

欣悉诸君日下康泰幸福，谨致以衷心祝贺！平时，承蒙大家为销售我司的产品竭尽全力，我们谨在此致以衷心的感谢！

众所周知，在此不再赘述。在当前的市场环境下，客户对产品自身的要求自不用说，针对服务质量的无限追求也变得越来越重要。阿尔法公司的使命就是向客户提供优质产品，让客户享受更为舒适的品质生活。从去年秋季开始，我司的研发、采购、生产等各个职能部门通力合作，推进产品质量提升项目，取得了一定效果。然而，在当今的市场条

件下，客户不仅关注产品的质量，还更加重视服务的质量。服务质量的重要性日益凸显，我们的竞争对手纷纷采取措施，致力于提升服务质量。不仅如此，能在多大程度上满足市场需求，已经成为评价制造商经营水平高低的重要依据。在这一情况下，我司做出判断，决定应该在大范围内开展活动，提升服务质量。

因此，从本年度开始，阿尔法公司推出了覆盖全公司的全面提升产品和服务质量的项目——V21计划。这是公司董事长亲自牵头的重要项目，也是我司今年的重要经营课题之一，具有非常重要的意义。

参与该项目的成员来自研发、采购、生产、销售和售后服务等各个部门，并在此基础上构建了V21计划的核心团队。这种结构有利于打破部门之间的壁垒，从而科学合理地制定提升产品和服务质量的措施方案。拟定的方案将提交V21计划委员会审核，经过评估后，列为全公司的优先项目，并正式推进实施。

为了推动V21计划成功，我们真诚希望赢得我司重要合作伙伴——各位销售代理商的支持和理解。你们有与客户面对面接触的渠道，能够准确把握来自客户的真实声音。对于我司而言，你们的支持是不可或缺的。因此，我们希望各位销售代理商在了解现状阶段和制定改进方案阶段，能够配合市场调研，并且在试行改进方案的过程中，支持V21计划采取的措施，我们在此致以诚挚的感谢！

为了帮助各位销售代理商更好地理解V21计划，我司定于××月××日××时至××时，在阿尔法会馆举办“V21计划推介会”。届时，我们将详细介绍该计划的总体情况、针对各代理商的需求以及V21计划的预期成果。

我司深知诸君平日业务繁忙，恭请各位统筹安排，拨冗出席，不胜感谢！期待V21计划的实施，能为销售代理商的诸君及我司带来丰硕的成果！

最后，对诸君的理解和支持，我们致以最衷心的感谢！

顺颂

商祺！

阿尔法公司

销售部部长 水野二郎

一原本被埋没在正文中的内容移到了文章的开头。将从开头到“但务请拨冗出席，不胜感激！”的文字作为导语，与之后的正文部分切分开来。为了充分发挥导语作为引导读者阅读的路标的作用，我们应该在开头而不是正文中，明确阐述“写什么、为了什么写”，这一点至关重要。在经过改进的例文4–2中，作者添加了针对为什么要启动V21计划，以及为什么要邀请代理商参加推介会的简短说明。此外，通过明确标注在例文4–1中不存在的标题，暗示了作者期待的反应。在商务文书中，只要不是带有个人色彩的商务书信，就需要标注标题，这是基本要求。

如果使用这种导语，我们肯定可以吸引读者的关注，激发他们“接着详细读下去”的意愿。

顺便提一下，在改进过的例文4–2中，作者将紧接着导语的正文分为四个部分，分别标注了小标题，对结构进行了可视化处理。关于文书结构的可视化处理，我将在第5章中进行说明。

例文4-2 埋没忽视型的改进例文

面向销售代理商的会议邀请函

××××年××月××日

各位销售代理商：

诚邀参加推介会并支持V21计划

敬启！

欣悉诸君日下康泰幸福，谨致以衷心祝贺！平时，承蒙大家为销售我司的产品竭尽全力，我们谨在此致以衷心的感谢！

众所周知，在当前的市场环境下，客户对提升产品和服务质量的需求越来越旺盛。对此，我们阿尔法公司也深刻反思，为了更好地满足市场需求，继续赢得客户的信任和支持，决定启动覆盖全公司的全面提升产品和服务质量的项目——V21计划。

为了我们一起在市场上赢得最终的胜利，我司希望承担销售和售后服务重要职能的各位销售代理商，也能积极支持、配合V21计划。

我司定于××月××日，举办面向各大销售代理商的“V21计划推介会”。我司深知诸君平日业务繁忙，但务请拨冗出席，不胜感激！

导语部分

●**采取措施提升产品和服务质量的背景**

向客户提供优质产品，让客户享受更为舒适的高品质生活，是阿尔法公司最大的使命。从去年秋季开始，我司的研发、采购、生产等各个职能部门通力合作，推进产品质量提升项目，取得了一定效果。

然而，在当今的市场条件下，客户不仅关注产品的质量，还更加重视服务的质量，服务质量的重要性日益凸显，我们的竞争对手纷纷采取措施，致力于提升服务质量。不仅如此，能在多大程度上满足市场需求，已经成为评价制造商经营水平高低的重要依据。在这一情况下，我司做出判断，决定将质量提升对象从产品扩展至服务，并采取措施积极推进目标落地。

●**V21计划的目的和概要**

因此，我司决定利用今年4月至明年3月的一年时间，全面开展覆盖全公司的产品和服务质量提升项目——“V21计划”。这是我司今年的重要经营课题之一，也是公司董事长亲自牵头的重要项目。

参与该项目的成员来自研发、采购、生产、销售和售后服务等各个部门，并在此基础上构建了V21计划核心团队，这种结构有利于打破部门之间的壁垒，从而科学合理地制定提升产品和服务质量的措施方案。拟定的方案将提交V21计划委员会审核，经过评估后，列为全公司的优先项目，并正式推进实施。

●针对各代理商发出的合作呼吁

为了推动V21计划成功，我们真诚希望赢得我司重要合作伙伴——各位销售代理商的支持和理解。你们有与客户面对面接触的渠道，能够准确把握来自客户的真实声音。对于我司而言，你们的支持是不可或缺的。因此，我们希望各位销售代理商在了解现状阶段的走访调研、制定改进方案阶段的实地调研以及试行改进方案的过程中，给予我们支持和配合，在此致以诚挚的感谢！

●出席V21计划推介会的邀请

为了帮助各位销售代理商更好地理解V21计划，我司决定召开推介会，烦请诸君统筹安排，拨冗出席。

・会议时间：××月××日××时至××时

・会场地点：阿尔法会馆（请参照随附地图）

・会议主题：V21计划希望实现的目标

活动概要・针对各代理商的期盼・V21计划的预期成果

我们相信通过V21计划，可以为诸位销售代理商及我司带来丰硕的成果！最后，我们再次恳请诸君给予我司理解和支持，在此致以最衷心的感谢！

顺颂

商祺！

阿尔法公司

销售部部长 水野二郎

标题重复型

例文4–3是面向公司内部的提案。该公司设有帮助员工取得解决方案顾问（SA）资质[①]的帮扶制度。这篇文书是帮扶制度负责人向部门方针决策组织——企划会议的成员提交的方案。“研究结论”之后的正文内容没有问题，是经过认真探讨研究后推导出来的，存在问题的是该结论之前的导语。

在导语中，有“关于标题中提到的事项，具体研究结果如下，特此提出下述方案”的表述。所谓“标题中提到的事项”是指“重新审视解决方案顾问资质认证帮扶制度”，这也是读者希望提案者不惜笔墨重点去写的内容。说得简单一点，这是关于提案者到底想要从企划会议成员那里得到怎样回应的内容。但是，读者根本无法通过例文4–3了解这个自己最想知道的问题。

此外，在看到标题及其下面的一行字后，有些人会觉得唐突，从而质疑为什么必须重新审视这项制度。即使作者自己明白，也需要向读者解释，否则读者根本就无法理解，这就会导致双方对这个提案的关注度存在差异。

虽然例文4–3中有看似导语的部分，但是其内容只不过是重复标题而已，缺少读者期待的内容，未能发挥作为引导读者阅读的路标的作

① 此处内容是虚拟的。

例文4-3 应当避免的常见导语错误类型——标题重复型

面向公司内部的提案文书

致：解决方案业务企划部
　　各位企划会议成员
作者：平成太郎

关于重新审视解决方案顾问资质认证帮扶制度的提案

关于标题中提到的事项，具体研究结果如下，特此提出下述方案。

研究结论

由于主要客户群体越来越重视解决方案顾问（Solution Advisor，SA）资质认证，公司今后应继续帮扶员工取得相应资质认证。只不过，在现行机制下，帮扶措施的费效比存在很大的改进空间。今后，将由各部门推荐能够在业务中充分发挥SA资质作用的候选对象参加预备考试，公司只向通过考试的人员发放SA资质认证补助。

1. SA资质认证帮扶制度的现状

- SA资质认证是××协会于四年前开始设置的资质认证，旨在提升支撑业务改革的IT解决方案的提案能力。要想取得SA资质认证，考生必须通过每年12月举行的预备考试，并在第二年春天接受为期三个月的实地培训。
- 在SA资质认证制度启动后，我司同步制定了面向公司全体员工的SA资质认证帮扶制度。希望取得资质认证的员工通过个人报名的方式参加企划部的面试。公司每年遴选四人，并向其提供30万日元的预备考试报名费和实地培训费。
- 自启动以来，该制度共计帮扶十二人，其中六人取得了SA资质认证，其余人员未通过预备考试。此外，在取得SA资质认证的人员中，只有三人在项目相关的业务中充分发挥了SA资质认证的作用（参见附件1）。

2. SA资质认证帮扶制度的优缺点

- 从SA资质认证的现状来看，在作为我司主要客户的中小企业中，有些企业将项目负责人必须取得SA资质认证列为签合同和下订单的必要条件，竞争对手也有奖励取得SA资质认证人员的制度。在这一背景下，今年以来，我司遇到了不向项目派遣具备SA资质认证的人员就无法参与竞标的情况。

●作为人才培养方针，我司一直坚持采取帮扶制度，积极确保实现成果需要的有形和无形资源。

●根据人才培养方针，我们觉得公司应帮助员工取得对于竞争而言至关重要的SA资质认证。不仅仅是SA资质认证，从系统学习IT提案不可或缺的经营和业务运营方面的知识来看，实地培训本身也是经过实践证明适合帮扶的具体内容（参见附件2）。

3. 制度完善方针

●为了推进公司的帮扶措施切实落地，真正用于员工取得SA资质认证，公司仅向实际通过预备考试的人员发放SA资质认证补助。

●为了确保取得SA资质认证的员工在业务领域切实发挥作用，帮扶对象必须是主导客户项目的人员，并且由所属部门推荐。

●关于帮扶对象的数量和帮扶金额，在现阶段帮扶成果尚不明显的情况下，不宜进一步扩大，仍保持现行的每年四人、每人30万日元。

4. 新年度SA资质认证帮扶制度的内容（草案）

●报名条件：项目需要的3级～5级职员，有意将SA资质认证的作用充分发挥到自己业务工作中的人员。

●报名方法：各部门负责人从部门内部的报名人员中遴选合适对象，向企划部推荐。当存在多个推荐对象时，部门需要按优先顺序对其排名。

●帮扶内容：原则上，每个部门每年选择一名帮扶对象，全公司总计四名。当某个部门不推荐人员时，其他部门可从本部门中遴选两名或两名以上对象。当帮扶对象通过预备考试后，可以获得30万日元的SA资质认证补助。如果帮扶对象未通过预备考试，公司则不发放补助，由其个人承担考试报名费用。

●具体的报名日程：

××月××日　　　　招募事项通知至各部门

用。在现实中，这种存在标题重复问题的导语是非常多的。

下面，我们试着看看经过改进的例文4-4。在导语中，有“关于解决方案顾问（Solution Advisor，SA）资质认证帮扶制度，存在取得SA资质认证的人员未能在工作业务中充分发挥SA资质认证作用等问题。对此，事业部内部认为有必要重新审视该制度”的表述。通过这种说明，读者可以了解为什么要提出这个提案。

此外，例文4-4中还有“我部将在下周召开的企划会议例会中，征求关于本提案的意见，烦请不吝提出宝贵建议。之后，我部将在汇总各位宝贵意见的基础上，形成最终方案，并提交下月召开的部门全体会议讨论，力争正式通过”的表述。提案者可以通过这一说明提醒读者，在阅读提案的过程中注意，事后需要给出反馈，以便形成最终方案。

顺便提一下，在例文4-4中，提案者不仅添加了导语，还对正文进行了修改完善，在四个正文标题的下方记录了一些“So What?”的内容。与常见提案相比，这种方式的提案让读者更容易领会、理解正文的“So What?”。

例文4-4 标题重复型的改进例文

面向公司内部的提案文书

致：解决方案业务企划部
　　各位企划会议成员
作者：平成太郎

关于重新审视解决方案顾问资质认证帮扶制度的提案

关于解决方案顾问（Solution Advisor，SA）资质认证帮扶制度，存在取得SA资质认证的人员未能在工作业务中充分发挥SA资质认证作用等问题。对此，事业部内部认为有必要重新审视该制度。我部在明确现状，并对该资质认证帮扶制度的优缺点进行探讨研究的基础上，汇总形成了现行制度改进方案，特此提案。

我部将在下周召开的企划会议例会中，征求关于本提案的意见，烦请不吝提出宝贵建议。

之后，我部将在汇总各位宝贵意见的基础上，形成最终方案，并提交下月召开的部门全体会议讨论，力争正式通过。

导语部分

研究结论

由于公司主要客户群体越来越重视解决方案顾问资质认证，公司今后应继续帮扶员工取得相应资质认证。只不过，在现行机制下，帮扶措施的费效比存在很大的改进空间。今后，将由各部门推荐能够在业务中充分发挥SA资质认证作用的候选对象参加预备考试，公司只向通过考试的人员发放SA资质认证补助。

1. SA资质认证帮扶制度的现状

在现行制度下，通过SA资质认证的人员参与项目的比率和作为资质认证条件的预备考试通过率都相对较低。帮扶措施的费效比存在很大的改进空间，因此我们认为需要重新审视制度。

- SA资质认证是××协会于四年前开始设置的资质认证，旨在提升支撑业务改革的IT解决方案的提案能力。考生要想取得SA资质认证，必须通过每年12月举行的预备考试，并在第二年春天接受为期三个月的实地培训。
- 在SA资质认证制度启动后，我司同步制定了面向公司全体员工的SA资质认证帮扶制度。希望取得SA资质认证的员工通过个人报名的方式参加企划部的面试。公司每年遴选四人，并向其提供30万日元的预备考试报名费和实地培训费。

- 自启动以来，该制度共计帮扶十二人，其中六人取得了资质认证，其余人员未通过预备考试。此外，在取得SA资质认证的人员中，只有三人在项目相关的业务中充分发挥了SA资质认证的作用（参见附件1）。

2. SA资质认证帮扶制度的优缺点

SA资质认证在竞争方面的重要性日益凸显。根据积极支援实现成果所需资源优化配置的人才培养方针，我司今后应继续坚持帮扶制度，支持员工取得相应资质认证。

- 从SA资质认证的现状来看，在作为我司主要客户的中小企业中，有些企业将项目负责人必须取得SA资质认证列为签合同和下订单的必要条件，竞争对手也有奖励取得SA资质认证人员的制度。在这一背景下，今年以来，我司遇到了不向项目派遣具备SA资质认证的人员就无法参与竞标的情况。
- 作为人才培养方针，我司一直坚持采取帮扶制度，积极确保实现成果需要的有形和无形资源。
- 根据人才培养方针，我们觉得公司应帮助员工取得对于竞争而言至关重要的SA资质认证。不仅仅是SA资质认证，从系统学习IT提案不可或缺的经营和业务运营方面的知识来看，实地培训本身也是经过实践证明适合帮扶的具体内容（参见附件2）。

3. 制度完善方针

公司今后将在两个支柱的基础上，不断完善现行制度：一是确保帮扶措施切实落到帮助员工取得SA资质认证上；二是确保取得SA资质认证的人员在工作中充分发挥SA资质认证的作用。

- 为了推进公司的帮扶措施切实落地，真正用于员工取得SA资质认证，公司仅向实际通过预备考试的人员发放SA资质认证补助。
- 为了确保取得SA资质认证的人员在业务领域切实发挥作用，帮扶对象必须是主导客户项目的人员，并且由所属部门推荐。
- 关于帮扶对象的数量和帮扶金额，在现阶段帮扶成果尚不明显的情况下，不宜进一步扩大，仍保持现行的每年四人、每人30万日元。

寒暄应酬型

例文4-5是ABC会议服务株式会社向客户企业提交的策划方案的开头，使用了“问候”作为开场白。初看之下，这像是导语。读者在生活中肯定也曾遇到这样的导语。我希望大家能认真思考一下，对于阅读策划方案的客户而言，这样的导语真的能成为引导读者阅读的路标吗？

客户向ABC会议服务株式会社提出了针对重要事务进行方案策划的需求。在这种情况下，客户想要了解的难道不是ABC会议服务株式会社对此次优秀代理商表彰大会的定位认识是否准确？ABC会议服务株式会社是否已经完成方案策划工作了？

与此同时，客户很可能会向竞争对手提出策划方案的委托需求。也许客户非常理解ABC会议服务株式会社“诚心诚意地接受改进。如有任何需求……”的心情。但是，除此之外，ABC会议服务株式会社就没什么比这更需要向客户宣传的内容了吗？

例文4-5中的内容只不过是一般性的文字，最终只能达到寒暄的效果而已。喜欢用怀疑的眼光看待问题的客户也许会认为“这是从给其他客户准备的策划方案中复制了一页，只是改变了部分名词而已”。这种导语肯定无法成为正确引导读者阅读的路标。

下面，我试着结合经过改进的例文4-6进行分析。与例文4-5相

例文4-5　应当避免的常见导语错误类型——寒暄应酬型

面向客户的提案文书

问候：

谨启！欣悉贵司业务日益兴旺，谨致以衷心祝贺！

此次承蒙贵司信任，委托我司策划20××年度优秀代理商表彰大会。在此，我们向贵司多年以来给予我司的支持和厚爱，致以最诚挚的谢意！

关于我司提交的企划方案，烦请多提宝贵意见，我们必将诚心诚意地接受改进。

如有任何需求，请随时沟通联系，共同商酌！

顺颂

商祺！

ABC会议服务株式会社京都分公司

远藤一

比，例文4-6增加了五个要素：一是ABC会议服务株式会社是在怎样的认识基础上制作这个策划方案的；二是这个方案的内容是以什么为重点进行策划的；三是ABC会议服务株式会社将以这个方案的内容为基础，提前回应客户需求；四是明确提出如有任何需求，烦请不吝提出；五是强调ABC会议服务株式会社是该领域的领头羊，并将其作为提案方的优点。

在涵盖这些要素内容后，客户会产生一种印象，觉得“ABC会议服务株式会社是在正确认识的基础上提出策划方案的，看起来细心周到”。这个务实的导语不仅仅是单纯寒暄致意，更明确了策划方案的内容和今后的应对措施，令客户觉得容易接受，感到安心、放心，并且对与ABC会议服务株式会社合作产生期待。

可以说，例文4–6真正地描绘出了导语部分应该具备的样子。

例文4–6　寒暄应酬型的改进例文

面向客户的提案文书

问候：

谨启！欣悉贵司业务日益兴旺，谨致以衷心祝贺！

此次承蒙贵司信任，给我司提交优秀代理商表彰大会策划方案的机会，我们对此发自内心地致以最诚挚的谢意！

我们认为贵司20××年度的重点课题之一就是培养代理商，此次召开代理商表彰大会，不只是为了对他们表示感谢，更是希望发挥表彰大会的作用，激励代理商进一步提升业绩的热情。在深刻领会这一点的基础上，我司提出将“与迈向新挑战主题相契合的演出”和“最大限度减轻秘书处负担”作为重点的策划方案。

如果以本方案为基础，经过进一步细化，能够实现满足贵司需求的目标，将是我司最大的荣幸。如有任何需求，烦请不吝提出，我们在此诚挚感谢。

我司专营奖励旅行和会议企划运营服务，作为该领域的领头羊，为许多客户提供过会议支援服务。我司此次将充分发挥多年以来积累的丰富经验和技巧，全心全意为贵司提供最优质的服务。

如有任何需求，请随时沟通联系，共同商酌！

顺颂

商祺！

ABC会议服务株式会社京都分公司

远藤一

2.理解什么是导语

导语是对“写什么、为了什么写、谁写、写给谁”等沟通设计进行说明的内容。因此，我们应该明确展示构成沟通设计四要素的“主题”“期待的反应”“作者”“读者”分别是什么（谁或者什么组织），这是一个大前提。然而，大家可能已经注意到了，前面三个关于导语改进的例文中，都纳入了四要素之外的内容，这样可以进一步加深读者对导语的理解和认知。

在编写商务文书时，我们需要以各种沟通设计为基础。即使这些设计是错综复杂的，我们也要掌握正确的方法，确保迅速、正确、不遗漏地梳理出导语中要表达的必要的内容。由于相应方法需要在工作中灵活运用，因此我们应该尽量遵守简单实用的原则。此外，这些方法还需要具备较强的通用性，以适用于报告、策划方案、联络信和委托书等各种类型的商务文书。

这种通过逻辑写作的方法，对导语内容进行梳理的工具只有一个，那就是读者们已经耳熟能详的沟通设计。在下文中，我将从两个观点出发对构成沟通设计的各个要素进行考察，并对导语的内容进行梳理总结，如图4–1所示。

第1个观点当然是共享沟通设计。我们必须明确作为基础的主题和期待的反应是什么，如果需要的话，还要说明作者和读者是谁。只要认真完成了第1章“构思的准备”，就意味着我们已经明确了导语的基本框架，并形成了底稿。

第2个观点是从读者的角度出发对沟通交流进行整体盘点。除了沟通设计四要素以外，我们还要将“回答（正文）”纳入视野。同时，我们要从读者的角度出发关注这些要素，进一步梳理出必要的说明，确保读者正确理解已经构建的回答（正文），并会给出我们期待的回应。

这里的关键是站在读者的角度分析问题。即使作者笼统地说明了“沟通设计是……”，读者也可能会质疑“究竟为什么要这么设计”。因此，我们要提前检查这种可能性，如果发现苗头，就需要准备针对疑

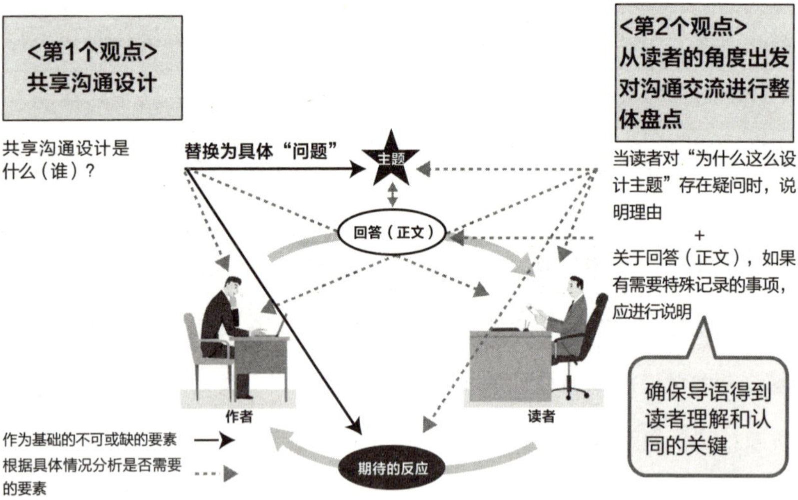

图4-1 用来梳理导语部分要素的两个观点

问的说明。此外，关于回答（正文），在读者阅读之前，如果我们发现了应该向对方传递的值得特别记录的事项，则需要进行说明。

由于导语是用来帮助读者理解沟通设计的，因此，作为第1个观点的“共享设计要素”是毋庸置疑的。在总结易于理解的导语时，更为重要的，也是能够充分展示作者深厚的积累和灵活的技巧的，就是第2个观点“从读者的角度出发对沟通交流进行整体盘点”。正如为了回答读者“Why So?”的疑问而构建正文一样（第3章），我们应该在导语中回答读者的疑问。如果我们要想完成读者接受和认同的文书，这一点是至关重要的。

下面，我将结合上述导语部分的例文（例文4–1 ~ 例文4–6），按照第1个观点和第2个观点的顺序，对如何梳理和说明导语的必备内容进行分析。

第1个观点：共享沟通设计

为了帮助读者理解导语，“主题”“期待的反应”“作者”“读者”构成沟通设计的四要素。关于各要素的确认方法，第1章“构思的准备”已有介绍，敬请参考。在此，我将分析在导语部分对各要素进行说明时的注意事项，如图4–2所示。

首先，导语是基础，因为所有的导语都必须包括“主题”和“期待的反应”。

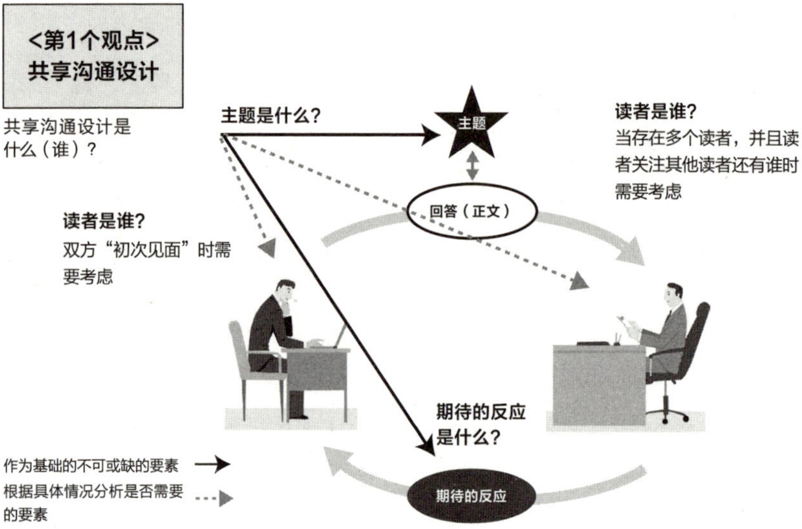

图4-2 用来梳理导语部分要素的第1个观点

主题

在信息传递方自主命题拟定某个方案或委托某个事项的情况下，读者只有在读完导语后，才能真正理解眼前的文书是关于什么内容的。在上文中提到的针对销售代理商的邀请书（例文4-1）中，作者提出的主题深深地隐藏在正文中，甚至没有用来概括主题的标题。如经过改进的例文4–2所示，作者必须在导语中明确提出主题。

我们有时还会接到上司下达的指示和客户提出的需求，比如“希望针对××进行汇报”“希望针对××提出方案”“希望针对××进行回答”等。上文中提到的ABC会议服务株式会社的提案文书（例文4–5、例文4–6）就是典型代表。在这种情况下，提出文书主题的是对方，因此他们当然是充分了解主题的。对此，作者需要在文书的开头部分，展示出自己针对设定主题的回答提前进行了充分准备。这样可以令读者感到安心、放心，并充分理解和认同作者，这一点是至关重要的。当读者提前设定主题时，作者应该在导语中共享主题并进行确认。

关于主题的说明方法，以上述ABC会议服务株式会社的提案文书例文4–6为例，通过“给我司提交优秀代理商表彰大会策划方案的机会”对主题进行确认。在这个案例中，这种程度的说明就足够了。但是，当你是提出方案的一方，希望通过更为具体的说明与读者就主题进行磋商时，你应该怎样处理呢？

如果完成了“构思的准备”（第1章），你可以将主题替换为应该回答的“问题”。下面，我将在“问题”的层面进行说明，改进过的面向公司内部提案文书例文4–4就属于这种类型。比如“在明确（制度的）现状，并对该资质认证帮扶制度的优缺点进行探讨研究的基础上，汇总形成了现行制度改进方案，特此提案”中，下加直线的文字就以暗示“问题”的形式，对主题进行了说明。

期待的反应

写文书的目的就是引导读者给出作者期待的反应。因此，对于作者而言，明确提出期待的反应是推进工作顺利进行不可或缺的动力。

正如面向公司内部的提案文书（例文4–3）所示，如果只是写上“提出下述方案”，就会令读者陷入迷惑，不清楚作者提出的方案是想要征求意见，还是想要得到批准。如果是严谨认真的对象，可能会觉得“必须向作者进行确认，这样就增加了一件不得不去做的事情”。当然，肯定也会有人觉得不明确写出来反而是件好事，从而下定决心只要作者不督促回复的话，就一直装作不知道，不给出任何回应。

在针对期待的反应进行说明时，为了切实引导对方做出回应，作者应该尽可能做到具体、明确。在经过改进的面向公司内部的提案文书例文4–4中，写的是“我部将在下周召开的企划会议例会中，征求关于本提案的意见，烦请不吝提出宝贵建议”。此外，在经过改进的ABC会议服务株式会社提案文书例文4–6中，写的是“如有任何需求，请随时沟通联系，共同商酌”。这样一来，读者就可以明确了解对方对自己到底有什么需求了。

我们有时需要在导语中说明“读者”和“作者”分别是谁（什么组织），有时则不需要说明。那么，哪些情况需要说明呢？

读者

有时，我们需要向多人发送同一份文书。如果读者感到疑惑，不清楚其他读者还有谁、发送者将这份文书发给了什么立场的人，作者就需要说明读者到底都有哪些人。

作者

这里所说的作者是指文书的发送者。在商务场合中，发送文书的既有个人，又有单位。无论是个人还是单位，当你遇到的是从未有过任何交集的初次接触的对象，作为作者，你都需要“自我介绍”。

在改进过的ABC会议服务株式会社提案文书例文4–6中，就有自我介绍的部分，那就是“我司专营奖励旅行和会议企划运营服务，作为该领域的领头羊，为许多客户提供过会议支援服务”。如果提出方案的人或单位身份不明，即使策划方案的内容看起来丰富精彩，也会令人感到不放心，这或许就是客户普遍存在的心理感受。也许作者会觉得“在这个行业内，没有人不知道ABC会议服务株式会社，只要提到公司的大名就足够了”，而事实恰恰相反。从读者的角度来看，读者往往都希望能听到作者的自我介绍。

第2个观点：从读者的角度出发对沟通交流进行盘点

有时，即使我们已经对沟通设计进行了充分说明，但还是需要进一步补充相关内容。读者可能会对设定的四个要素产生疑问：

为什么要设定“这个主题”？

为什么必须引导出“这种反应”？

为什么是“这个读者”？

为什么是“这个作者”？

在这种情况下，读者往往容易对沟通设计本身产生怀疑，并莫名地产生抗拒心理。这就要求作者站在读者的立场上，按照顺序检查读者是否会产生上述疑问，如果存在疑问，作者就需要进行说明。

在通过书写传递信息进行沟通交流的过程中，读者无法当面向作者提问。如果不是坚信“没有任何质疑的余地”，作者就要不惜花费时间和精力进行合理说明。

下面，我从读者的立场出发，对“回答”进行整体分析。回答本身应该是运用逻辑思考法，运用“Why So?”进行充分验证后，实施逻辑构建的产物。因此，作者要提前梳理出相关事项，以便读者在和“回答”见面之前，就对这些事项有一定了解，从而正确、顺利地理解“回答”。此外，作者还需要检查读者“是否已经预先了解回答”，并提前准备了必要的说明，也就是关于“回答”应该记录的特殊事项。

针对导语内容进行梳理的第2个观点的总结，如图4-3所示。在该图中，从读者的五个角度出发，对沟通交流进行盘点，并对必要的说明项目进行深入分析。在此，最关键的就是换位思考，我们要站在读者的立场上进行分析。

如果读者之中还有“隐藏的读者”，我们就应该注意从他们的角度出发进行检查。正如第1章“构思的准备”中提到的那样，所谓“隐藏的读者”是指藏在直接读者背后，对于激发出作者期待的反应而言，

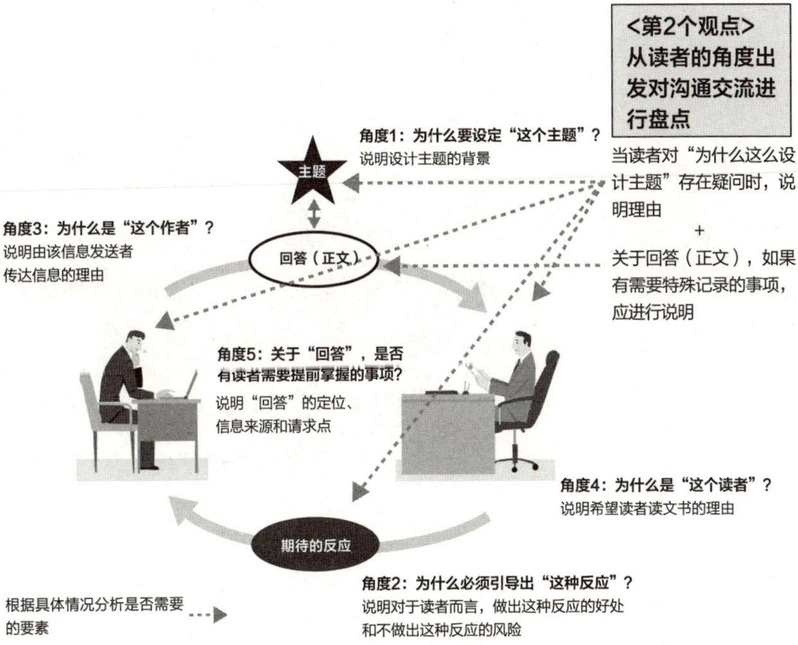

图4-3　用来梳理导语部分要素的第2个观点

至关重要的第二读者、第三读者。

下面，我将站在读者的立场上，对读者关注的问题进行盘点。

角度1：为什么要设定“这个主题”？

假设作者自主命题编写策划方案，对于接收方案的一方而言，往往并没有意识到自己和接收到的方案之间存在必然联系。在这种情况下，即使作者只是提示一下主题，说明“建议改善××”，就可能发挥超乎预期的作用，令接收方觉得“本来我还纳闷为什么要针对××提出方案，这真是帮了大忙了”。由此可见，作者应该在介绍主题的同时，共享为什么选择这一主题的设计背景。可以说，这就是作者的问题思维[①]。

下面，我对上文中列举的关于导语的例文进行回顾分析。面向代理商的邀请书和面向公司内部的提案文书，都属于作者提出主题的例文。

在经过改进的代理商邀请书例文4–2中，写有下述内容：

“众所周知，在当前的市场环境下，客户对提升产品和服务质量的需求越来越旺盛。对此，我们阿尔法公司也深刻反思，为了更好地满足市场需求，继续赢得客户的信任和支持，决定启动覆盖全公司的全面提升产品和服务质量的项目——V21计划。

① 问题思维是指以存在的问题或者假想推断的问题为引导，通过对问题探索研究，产生一种具有积极性和创造性的作用力的思维方式。

“为了我们一起在市场上赢得最终的胜利，我司希望担负销售和售后服务重要职能的各位销售代理商，也能积极支持、配合V21计划。”

针对“希望积极支持配合V21计划”这一主题，下加直线的文字相当于为什么要启动项目并请求销售代理商合作的背景说明。如果没有下加直线的文字，读者就可能产生抗拒心理，质疑自己为什么会突然接到加入V21计划的邀请。

在面向公司内部提案文书的常见导语（例文4–3）中，标题内容直接体现了建议重新审视解决方案顾问资质认证帮扶制度的主题。然而，关于为什么要提出这一主题，导语并未进行说明，如果不读完正文就无法真正了解原因。在经过改进的例文4–4中，说明了“事业部内部认为有必要重新审视该制度”的内容。

即使在读者设定主题的情况下，作者有时也应该说明设计主题的背景，前文所述ABC会议服务株式会社的提案文书就属于这种情况。虽然要求提交优秀代理商表彰大会策划方案的是客户，但是在经过改进的例文4–6中，还是做出了“我们认为贵司20××年度的重点课题之一就是培养代理商，此次召开代理商表彰大会，不只是为了对他们表示感谢，更是希望发挥表彰大会的作用，激励代理商进一步提升业绩的热情”的说明，从客户的角度对主题设定背景进行确认。当然，对于这一点，客户本身自然是非常清楚的。但是，如何理解主题设定的背景将在很大程度上影响策划内容，如果作者一开始就对读者认为可能存在问题的地方进行确认，会令读者感到安心、放心，并对作者提出的方案产生期待。

角度2：为什么必须引导出“这种反应”？

在商务领域，我们经常会遇到明知对方会因为我们提出的需求而感到不快，觉得“嗯，真是个棘手的需求啊”或者“唉，这真是一件麻烦事啊”，还要想办法争取合作，并提出建议的情况。这种场景就是读者产生抗拒心理，质疑为什么作者会期待这种反应，或者不愿意做出相关回应的典型案例。

在这种情况下，我们最好能在导语中提一句“如果做出××反应，有××好处”，或者干脆从相反的角度出发进行分析，明确“如果不做出××反应，会带来××风险”，从而引导对方做出我们期待的反应。

当然，我们有时也会遇到这样的情况：好处说得越多，读者越觉得我们是在自吹自擂。在这种情况下，我们应该认真说明提出需求的背景，以彰显郑重请求的姿态，表明“希望多多关照”的立场。这样一来，我们就容易赢得读者的理解和支持。经过改进的代理商邀请书例文4–2就属于这种情形，在作为主题设定背景准备的说明中，作者暗示了销售代理商参与V21计划的意义。此外，作者以郑重的语气表达了诚挚请求的姿态。

角度3：为什么是“这个作者”？

有时读者虽然知道信息发送者（个人或单位）是哪个单位的哪个人，但是不理解“为什么要由这个人来发送信息”，进而产生疑问。

比如当你代替上司与客户联系时，从客户的角度来看，可能会感到纳闷，觉得“应该是上司亲自与我联系”。在这种情况下，你可以结合自我介绍，提一下是你而不是上司发送信息的原因。

角度4：为什么是“这个读者”？

有时，文书的接收方可能会想：“这件事情为什么要找我，不应该是对我的上司讲吗？为什么偏偏要发给我？”比如当读者是公司内部项目的秘书处时，如果你想要写邮件委托其开展公司内部调研，接受委托的年轻员工就可能产生上述疑问。对此，你应该讲清希望由他来接收邮件的理由，说明“想要直接了解实际负责采购业务的人员对现状和存在问题的真实声音，务请给予支持和配合”的意图。

在针对代理商邀请书经过改进的例文4–2中，有“为了我们一起在市场上赢得最终的胜利，我司希望担负销售和售后服务重要职能的各位销售代理商，也能积极支持、配合V21计划”的内容。其中，下加直线的文字发挥的就是这种作用。

角度5：关于“回答”，是否有读者需要提前掌握的事项？

我们需要思考关于“回答”是否有需要特殊记录的事项，如果在读“回答”之前提前掌握相关内容，有助于读者切实理解“回答”，并加深对回答（正文）的认知。在上文提到的经过改进的面向公司内部提案文书和ABC会议服务株式会社提案文书的例文中，就涉及这种商务文书中比较常见的需要特殊记录的事项。

我们需要思考针对回答（正文）定位的说明。在经过改进的面向公司内部提案文书例文4-4中，涉及的内容是“我部将在汇总各位宝贵意见的基础上，形成最终方案，并提交下月召开的部门全体会议讨论，力争正式通过”。

在经过改进的ABC会议服务株式会社提案文书例文4-6中，涉及的内容是“如果以本方案为基础，经过进一步细化，能够实现满足贵司需求的目标，将是我司最大的荣幸”。这些内容体现了结合策划会议成员意见和客户意向进行修订后的提案定位。

我们最好通过导语提前共享这种关于“回答”的定位，以便加深对方对于“回答”的理解。特别是在提案文书的情况下，有的提案是初期草案，有的提案是最终方案，如果能像上文中列举的经过改进的ABC会议服务株式会社提案文书例文4-6那样，添加相关说明，就可以进一步明确回答的定位。

我们还需要思考回答（正文）的信息来源。在前文列举的关于导语的例文中，并没有涉及这方面的情况。但是，如果作者能够在报告中显示信息来源，是可以增强报告内容的可信度和易懂性的。

比如“该报告内容是对 × 产品的重要客户 × × 人进行调研后形成的”“市场增长率是根据 × 行业协会最新发布的数据估算的”等说明。

除此以外，我们还可以增加回答（正文）的请求点。在经过改进的ABC会议服务株式会社提案文书例文4-6中，提到了“在深刻领会这一点的基础上，我司提出将‘与迈向新挑战主题相契合的演出’和‘最大限度减轻秘书处负担’作为重点的策划方案”的内容。这并不属于提案本身的内容，而是特性描述或卖点宣传。需要特别注意的是，在内容较多的提案文书等中，如果作者在导语中明确相关说明内容，可以令人对正文产生期待。

由于是导语，因此我们在说明时要注意保持内容紧凑，并且避免给人留下“无法理解”的负面印象，这一点至关重要。从这个角度说，作为导语的要素，回答（正文）的请求点主要是面向上级的。

我们经常会听到“站在读者的角度思考问题”的要求。但是，当被问到具体怎么做才能站在读者的角度时，你应该怎样回答呢?

在导语的说明中，我们可以尝试将整个沟通过程纳入视野，从下述五个角度出发换位思考，自问自答，并对必要的说明要素进行盘点。这样就可以做到站在读者的角度思考问题了。

角度1：为什么要设定“这个主题”？

角度2：为什么必须引导出“这种反应”？

角度3：为什么是“这个读者”？

角度4：为什么是“这个作者”？

角度5：关于“回答”，是否有读者需要提前掌握的事项？

构思时的注意事项

在对经过梳理的导语的要素进行构思时，我们需要注意两个事项。

第一个需要注意的事项是按照怎样的顺序对经过梳理的要素进行说明。由于导语位于正文之前，因此我们不需要使用“选择……作为主题，是因为我们对相关论据按照MECE原则进行分析，得到了……的结论”或者“我们期待的反应是……因为我们对相关论据根据MECE原则进行分析，得到了……结论”等逻辑模型进行说明。

可以说，为了避免读者在阅读关键的正文之前就产生厌烦情绪，我们需要在导语中对梳理出来的要素进行合理构思，以便读者更加轻松地掌握沟通交流的整体情况。我们应当遵循的主要原则是尽可能将针对主题和期待的反应等导语的基本要素的说明放在前面。也就是说，我们要提前讲清主题、主题设定的背景、期待的反应和做出相关反应带来的好处。

在此基础上，如果还需要其他要素，我们可以考虑其与主题和期待的反应的融合度，并以此为依据决定说明的具体位置。如果我们想说明希望读者读文书的理由，应该与期待的反应一同阐述，这样会让文书变得更加流畅。如果涉及正文的请求点，我们应该将其放在主题说明之后；如果涉及正文的定位，我们应该将其放在期待的反应之前，这样才更为自然、合理。我们有时可以把公司业绩等涉及作者自身的要素作为主题设定的背景，放在导语的前半部分。在主题设定的背景之外，作者可以把自我介绍相关的说明内容放在导语的后面，就可以避免陷入自吹自擂的窘境。

在构思导语部分的要素时，第二个需要注意的事项就是保持合理的长度，避免读者在开始阅读正文之前就产生厌烦心理。从读者的角度出发梳理出的要素中，如果有需要使用大段文字重点说明的内容，我们应对其进行调整。在导语中，我们可以先言简意赅地进行总结，然后将其列为正文的一个项目或正文之后的参考信息。

下面，通过前面的例文，我对调整的具体例文进行分析。

在对经过改进的代理商邀请书例文4–2中，文书的主题是“邀请加入V21计划”。如例文4–2所示，为了避免使读者感到唐突，我们需要将“现在为什么要积极推进V21计划”的主题设定背景纳入导语。

但是，与此同时，这个要素也是用来将主题替换为应答“问题”

的内容之一。在此，主题可以分为下述四个问题：①为什么要实施V21计划？②V21计划是什么？③在V21计划中，销售代理商将发挥什么作用？④当前希望采取的措施是什么？实际上，这相当于在①的基础上，对主题设定的背景进行说明。

因此，在导语中，仅限于“在当前的市场环境下，客户对提升产品和服务质量的需求……为了更好地满足市场需求，继续赢得客户的信任和支持……”的简单表述。随后，在正文的第1项“采取措施提升产品和服务质量的背景”中，作者对为什么要实施V21计划进行详细说明。

在经过改进的面向公司内部提案文书例文4–4中，通过导语部分开头的文字，作者对为什么建议重新审视解决方案顾问资质认证帮扶制度的主题设定背景进行了简单说明。在此基础上，通过正文的第1项“SA资质认证帮扶制度的现状”，作者对主题设定的背景进行详细阐述。

在经过改进的ABC会议服务株式会社提案文书例文4–6中，作者通过导语做了简短的说明。虽然大家都想宣传自己丰硕的工作成果，但是如果将这些内容写在提案内容之前，反而可能遭到质疑。因此，我们需要像例文4–6一样，在导语部分，先做个简短的说明，然后在正文的最后增设“公司业绩”的章节，或者将其作为参考资料，列入附件。

3.构建导语——以B公司为例

下面，我将结合第3章“正文的构思②逻辑思考的实践”中使用的B公司的案例，按照“共享沟通设计”“从读者的角度出发对沟通交流进行盘点”的顺序，试着编写报告的导语。

B公司案例的主要背景是，研究论证进军人员派遣行业项目的成员在接到项目领导的指示后，准备编写报告并向项目团队的其他成员提交。下面，我将按照第3章中“通过调研掌握的关于B公司的内容”的相关内容，对B公司的案例进行确认，请读者与我一同思考。此外，关于如何构建报告正文部分，请参照图3-14。

第1个观点：共享沟通设计

下面，我将从“第1个观点：共享沟通设计”开始进行分析。

思考的问题

沟通设计的要素是指主题、期待的反应、读者以及作者。那么，针对B公司的案例，在编写报告导语部分的过程中，我们应该选择哪些要素？如何进行说明呢？

解释说明

导语的必备要素通常包括主题和期待的反应。我们可以从如何对这两个要素进行说明开始分析。

主题

如果将主题替换为应该回答的“问题”，得到的问题是：B公司采取了哪些措施提升派遣技术人员的能力？我们只要说明这个问题就可以了。

期待的反应

比较难办的部分是期待的反应。下面，我将试着列举应当避免的常见的错误的导语说明方法。

我们应当避免的常见错误表述如下：

①将针对B公司技术人员能力提升措施的现状进行汇报。

②将针对B公司技术人员能力提升措施的现状进行汇报，烦请拨冗一读。

这恐怕也不是我们期待的反应吧！①中没有体现出关于期待的反应的任何表述，不是我们想要的。②中的表述似是而非，如果我们期待的反应是超出了“一读”的程度，那么就应该明确表示，在“拨冗一读”之后还想要对方做什么。

项目领导的指示是，针对B公司正在施行的提升派遣技术人员能力的措施，向项目成员进行汇报。在下次的项目会议中，公司内部将结合报告的内容，对应该学习的要点进行讨论。

因此，针对作为报告读者的项目成员，我们期待的反应是“在下周的项目会议中，我们将结合报告内容，对我司应该学习的要点进行讨论。因此，烦请各位提前通读一遍”。在说明时，我们应把要求细化到这种程度。

至于读者、作者分别是谁，由于项目成员之间彼此都认识，因此我们无须赘述。

第2个观点：从读者的角度出发对沟通交流进行盘点

此次，我将在沟通设计中加入“回答”，从整体的角度考虑沟通设计。在此基础上，我们进行换位思考，从报告读者的立场出发，按照以下五个角度进行分析，并梳理出必要的说明。

角度1：为什么要设定“这个主题”？

角度2：为什么必须引导出“这种反应”？

角度3：为什么是“这个读者”？

角度4：为什么是“这个作者”？

角度5：关于“回答”，是否有读者需要提前掌握的事项？

思考的问题

如果从读者的角度出发进行盘点，我们可以梳理出多少种、什么样的说明内容呢？报告的读者不仅有项目领导，还包括其他项目成员。站在他们的角度上思考问题同样是很重要的。

解释说明

在这个案例中，我们可以从上述角度1、2、5出发，梳理出必要的说明。

主题设定的背景

报告的主题是由下达汇报指示的项目领导设定的。因此，为了便于领导以外的成员了解情况，我们应该说明主题设定的背景。我们需要先说明“B公司之所以能取得这么优秀的业绩，重要的背景就是业内公认其在提升技术人员的能力方面具有独到之处，这也是我司值得借鉴的经验”。

此外，恐怕有人会对“为什么要以B公司为例”心存疑问。如果我们提前了解B公司的业绩总体情况等数据并及时向读者提供，是有助于读者理解报告的。但是，如果将这些内容都写入导语，就会导致内容过长，因此我们可以尝试将其纳入参考信息，放在正文最后。

做出期待的反应的好处

读者可能会质疑，为什么B公司的案例具有借鉴意义。对此，我们应当明确读者做出期待的反应的好处。在这个案例中，如果能说明提前梳理的主题设定背景的内容，我们就可以让读者明白阅读B公司案例的意义了。

关于回答需要特殊记录的事项

项目成员可能还会提出疑问："这个报告的信息来源是什么？"因此，我们需要追加特殊事项，明确回答的信息来源，比如"这个报告的内容是以××证券公司分析师佐藤先生提供的直接信息为基础研究编写的"。

关于作者，项目会议的讨论材料自然是由项目秘书处的经办人负责准备的，恐怕没有人会对此提出疑问。作为项目成员，在接到关于主题和期待的反应的说明后，也不会质疑"为什么我是读者"。因此，在该案例中，我们无须说明报告者就是作者的详细理由以及希望读者阅读的具体原因。

如果对通过这种方式梳理出的导语进行图示说明，具体结论如图4–4所示。对于阅读报告正文的读者而言，包括这些内容的导语就相当于引导读者阅读的路标。

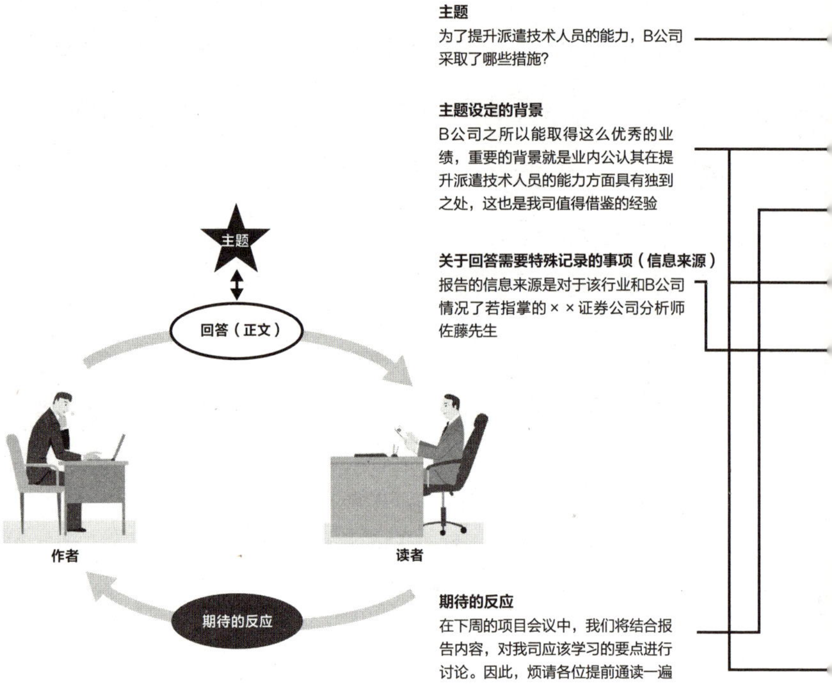

图4–4 构建的导语的例子（B公司的案例）

<导语>

我们针对近年来在技术人员派遣行业异军突起的B公司开展调查研究，围绕其提升技术人员能力的措施的现状报告相关结果。

B公司所处的行业与我司完全不同，但是它能取得如此优秀的业绩，重要的背景就是业内公认其在提升派遣技术人员的能力方面具有独到之处，这也是我司值得借鉴的经验。

在下周的项目会议上，我们将结合报告内容，对我司应该学习的要点进行讨论。因此，烦请提前通读一遍。

文末附上B公司的业绩数据，敬请参考。

该报告是在深入听取精通人员派遣行业状况的××证券的分析师佐藤先生的意见的基础上研究编写的。

<正文>

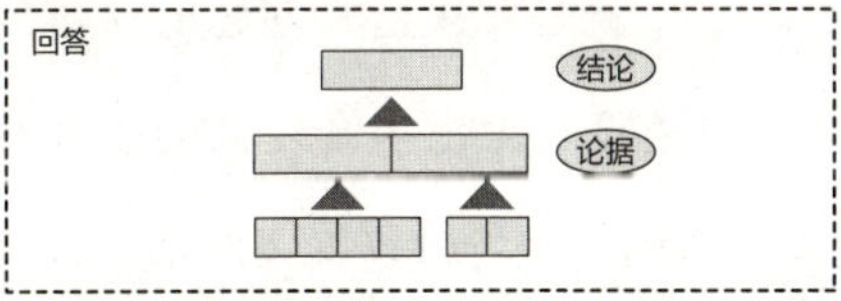

<参考信息>

B公司以占总营业额七成的派遣业务为中心，持续保持高速发展的趋势，并逐渐缩小与行业龙头C公司之间市场占有率的差距。
· B公司的营业额、净利润是……
· B公司的市场地位是……
· B公司的主要客户是……

* * *

文书的编写工作不仅要写完正文，还要完成导语才算真正结束。在编写文书时，我们应当充分注意这一点，并合理分配时间。我们一定要避免陷入如下误区：由于临近截止时间，导致导语出现标题重复、寒暄敷衍、被淹没在正文之中或者消失得无影无踪等问题。

导语的内容大体可以分为两类：第一类是主题、期待读者做出的反应、读者、作者等沟通设计的内容；第二类是为什么这么设计的理由、在正文之前应该说明的关于正文的特殊事项。

只要对涉及的各要素进行认真确认，关于第一类沟通设计的说明，就不算什么难事。

真正存在问题的是合理梳理第二类的说明内容。上文介绍的“从读者的角度出发对沟通交流进行盘点”，就是解决这一问题的核对清单。这是我在写作过程中系统总结的经验。无论多么复杂的咨询状况，通过对五个从读者角度出发提出的问题进行检查，我们都可以梳理出在导语中应该阐述的事项。我觉得大家也可以将“从读者的角度出发对沟通进行盘点”作为构建导语的工具，充分发挥其重要作用。

第 2 部分

信息的表现

在第2部分中，我将从展示信息的观点出发，围绕简洁、清晰地提炼导语和正文内容的方法展开论述。在商务文书中，展示信息的关键主要包括两个方面：

一是文书的版面要易于理解，确保读者在看到文书的瞬间，就能把握“这件事是按照这个顺序来描述的”，比如加粗、下加直线、加框显示等。如果我们能切实运用这些方法，肯定可以取得良好的效果。但是，如果我们滥用这些方法，则会导致版面变得过于复杂，反而不易于读者理解。更为重要的是，我们要集中精力下功夫将MECE原则和“So What?/Why So?”的逻辑思考方法充分展现在文书上。这样可以大幅提升文书的易读性，令读者觉得读起来更轻松，更容易理解相关的内容。关于这一点，我将在第5章中展开说明。

二是语言的表达形式。关于这一点，你平时都会注重哪些内容呢？在商务文书写作过程中，我深切感受到许多作者容易被力求简短的“魔咒”束缚，导致展示的内容过于模糊、抽象。在商务场合中，为了帮助忙碌的读者快速、正确地理解我们想传递的内容，我们需要注意哪些事项呢？在第6章中，我将聚焦商务文书，对语言表达的关键要素及检查点进行介绍。

第 5 章
构思的“可视化”

通过合理展示，我们可以确保读者在看见文书的瞬间，就能掌握文书结构的全貌——这就是构思的“可视化”。所谓“可视化”，并不是简单地构建吸引眼球的版面，真正的目标当然是在版面上呈现出逻辑清晰合理的构思，并希望读者真正理解“这份文书是按照这个顺序写的”。

从展示的层面来看，为了确保文书清晰、易懂并符合逻辑，我们需要对结构进行审视、调整，以便实现通过可视化处理厘清文书结构的目标。下面，我们一起来学习相关技巧。

1.完成“一看就懂”的文书

针对第1部分第3章和第4章中构建的B公司案例的报告正文和导语（图3-14和图4-4），如果按照A4版面纵向、横排文字的形式展现，会变成什么样呢？

首先，我们来看一下例文5-1。在刚看见的瞬间，你可能会被排版方式吓到，从而产生畏难情绪，觉得要想读下去需要很大的决心和毅力。确实，这份文书的内容非常严谨细致。但是，在商务文书中，读者并不一定非要深入地读完全文才能了解“按照这个顺序写了这样的内容”。因此，文书应该秉承“一看就懂”的理念进行展示，让读者快速做出期待的反应是至关重要的。我们应该按照“一看就懂”的标准，在版面上展示逻辑模型的结构。对可视化处理的关键和逻辑模型的结构进行对比后形成的结构，如图5-1所示。其中包括三个重点，分别是“明确标注主标题和小标题”“充分发挥符号和间距的作用”以及“在开头明确展现说明的切入点”。

例文5-1　未能对构思进行可视化处理的文书案例（B公司案例的分析报告）

致：××项目的各位成员
作者：秘书处 和田太郎

关于B公司提升派遣技术人员能力的措施

本人针对近年来在派遣技术人员行业异军突起的B公司开展调查研究，围绕其提升技术人员能力的措施的现状报告相关结果。虽然B公司所处的行业与我司完全不同，但是B公司能取得如此优秀的业绩，重要的背景就是业内公认其在提升技术人员的能力方面具有独到之处，这也是我司值得借鉴的经验。在下周的项目会议上，我们将结合报告内容，对我司应该学习的要点进行讨论。因此，烦请各位提前通读一遍。

此外，该报告是在深入听取精通人员派遣行业状况的××证券的分析师佐藤先生的意见的基础上研究编写的。文末附上B公司的业绩数据，敬请参考。

B公司一直积极采取措施，从主观能动性和技术水平两个方面提升技术人员的能力。在主观能动性方面，从招聘到创业扶持的人员管理的各个阶段，B公司都充分注重合理调动技术人员的积极性。在技术水平层面，通过OJT和OFF-JT两种方式，B公司将高水平技术人员掌握的技术推广至全体技术人员。

1. 从聘用独立创业意愿强烈的人，到相互启发的培养机制、体现成果大小和能力高低的工资以及优厚的创业扶持政策，B公司在人员管理的各个阶段，充分激发技术人员的积极性，调动他们提升技术水平的主观能动性。

   1-1）聘用独立创业意愿强烈的人，从招聘时就开始宣传，如果员工能够学到高超的技术，B公司会支持其独立创业，从而调动员工提升技术水平的积极性。

   1-2）设有导师制度，资深员工会以咨询师的身份，针对年轻员工在工作中遇到的烦恼提出建议。通过这种方式，年轻员工和专家可以相互启发，共同成长进步，调动员工提升技术水平的积极性。

1–3）工资由基于利润贡献度确定的绩效工资和基于技术评级确定的固定工资组成，两者各占一半。这种以可见形式直接反映成果大小和能力高低的工资机制，有利于调动员工提升技术水平的积极性。

1–4）一旦认定员工的技术水平达到专家水准，B公司会以分包业务和提供资金支持的形式支持员工创业，还为其保留返岗复职的通道。这种长期支持创业的制度，有利于调动员工的积极性，激励他们朝着成为专家的目标努力提升技术水平。

2. B公司从OJT和OFF–JT两个层面出发，通过派遣团队和专家开发的体系化技术培训项目，为每位技术人员创造学习高水平技术的机会。

2–1）搜集所有技术人员擅长的领域和技术等级排名，构建数据库，并充分发挥作用，组成由高水平技术员工和低水平技术员工混合编配的团队，将其派驻客户企业。借此，低水平技术人员可以在职学习技术。

2–2）在训练中心配备高水平的技术专家作为培训师，由他们开发并提供对既有技术进行体系化总结的培训项目。技术人员可以自由选择课程，他们对此给出高度评价，认为这些课程很符合实践需求。

在过去的5年中，B公司的营业额和净利润均实现了翻番，20××年的营业额高达100亿日元，净利润为7亿日元。此外，B公司的市场占有率为××%，仅次于行业龙头C公司的××%，两者之间的差距呈逐年缩小的趋势。B公司的客户对象已经拓展至H公司、I公司和K公司等大型高科技企业。

20××年××月××日

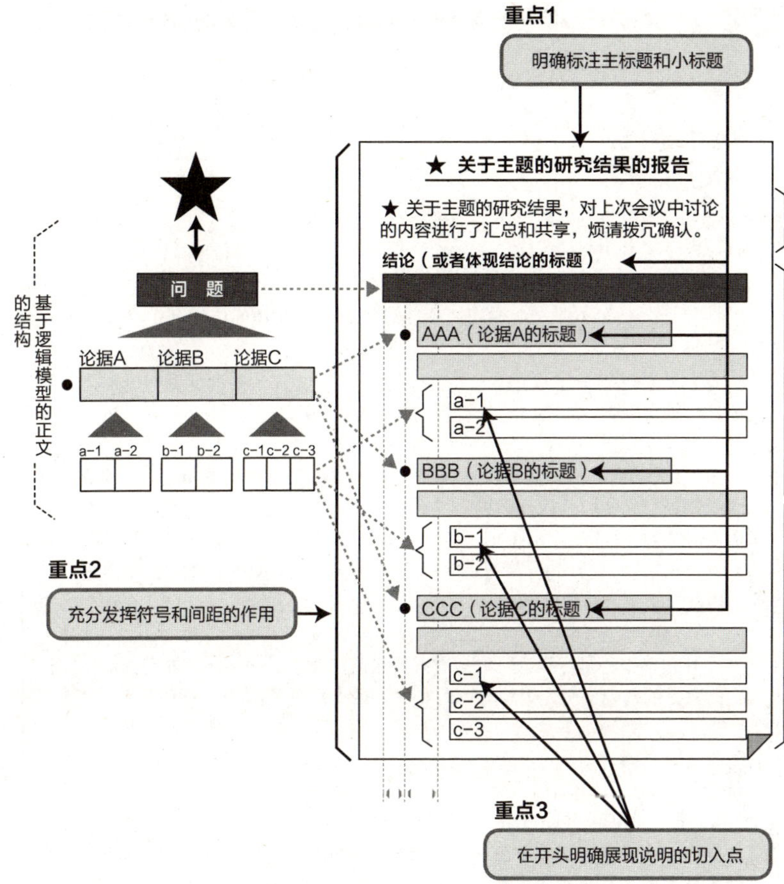

图5–1　对构思进行可视化处理的三个重点

下面，我们将根据这三个重点，对例文5–1进行结构化处理，如例文5–2所示。

例文5-2 对构思进行可视化处理后的文书案例（B公司案例的分析报告）

重点1

明确标注主标题和小标题

致：××项目的各位成员
作者：秘书处 和田太郎

关于B公司提升派遣技术人员能力的措施的报告

本人针对近年来在派遣技术人员行业异军突起的B公司开展调查研究，围绕其提升技术人员能力的措施的现状报告相关结果。

虽然B公司所处的行业与我司完全不同，但是B公司能取得如此优秀的业绩，重要的背景就是业内公认其在提升技术人员的能力方面具有独到之处，这也是我司值得借鉴的经验。

在下周的项目会议上，我们将结合报告内容，对我司应该学习的要点进行讨论。因此，烦请各位提前通读一遍。

此外，该报告是在深入听取精通人员派遣行业状况的××证券的分析师佐藤先生的意见的基础上研究编写的。文末附上B公司的业绩数据，敬请参考。

1.调查结果

结论

B公司一直积极采取措施，从主观能动性和技术水平两个方面，提升技术人员的能力。在主观能动性方面，从招聘到创业扶持的人员管理的各个阶段，B公司都充分注重合理调动技术人员的积极性。在技术水平层面，通过OJT和OFF-JT两种方式，B公司将高水平技术人员掌握的技术推广至全体技术人员。

●调动主观能动性的措施

从聘用独立创业意愿强烈的人，到相互启发的培养机制、体现成果大小和能力高低的工资以及优厚的创业扶持政策，B公司在人员管理的各个阶段，充分激发技术人员的积极性，调动他们提升技术水平的主观能动性。

· 招聘阶段：聘用独立创业意愿强烈的人，从招聘时就开始宣传，如果员工能够学到高超的技术，B公司会支持其独立创业，从而调动员工提升技术水平的积极性。

· 培养阶段：设有导师制度，资深员工会以咨询师的身份，针对年轻员工在工作中遇到的烦恼提出建议。通过这种方式，年轻员工和专家可以相互启发，共同成长进步，调动员工提升技术水平的积极性。

· 评价奖励阶段：工资由基于利润贡献度确定的绩效工资和基于技术评级确定的固定工资组成，两者各占一半。这种以可见形式直接反映成果大小和能力高低的工资机制，有利于调动员工提升技术水平的积极性。

· 创业扶持阶段：一旦认定员工的技术水平达到专家水准，B公司会以分包业务和提供资金支持的形式支持员工创业，还为其保留返岗复职的通道。这种长期支持创业的制度，有利于调动员工的积极性，激励他们朝着成为专家的目标努力提升技术水平。

●提升技术水平的措施

B公司从OJT和OFF-JT两个层面出发，通过派遣团队和专家开发的体系化技术培训项目，为每位技术人员创造学习高水平技术的机会。

· OJT：搜集所有技术人员擅长的领域和技术等级排名，构建数据库，并充分发挥作用，组成由高水平技术员工和低水平技术员工混合编配的团队，将其派驻客户企业。借此，低水平技术人员可以在职学习技术。

· OFF-JT：在训练中心配备高水平的技术专家作为培训师，由他们开发并提供对既有技术进行体系化总结的培训项目。技术人员可以自由选择课程，他们对此给出高度评价，认为这些课程很符合实践需求。

2.参考信息

B公司以占总营业额七成的派遣业务为中心，持续保持高速发展趋势，并逐渐缩小与行业龙头C公司之间市场占有率的差距。

●在过去的5年中，B公司的营业额和净利润均实现了翻番，20××年的营业额高达100亿日元，净利润为7亿日元。

●B公司的市场占有率为××%，仅次于行业龙头C公司的××%，两者之间的差距呈逐年缩小的趋势。

●B公司的主要客户包括H公司、I公司和K公司等大型高科技企业。

20××年××月××日

重点2

充分发挥符号和间距的作用

重点3

在开头明确展现说明的切入点

读者在浏览例文5–2时，很快就可以看清文书的内容结构。虽然例文5–2的内容与例文5–1基本相同，但是对于读者而言，这两篇文书的易理解性和易读性是截然不同的。例文5–2就是B公司案例报告的最终模板。

下面，我将详细分析可视化的三个重点。

2.重点1：明确标注主标题和小标题

为了快速、高效地推进工作，我们需要读者在浏览文书时，迅速把握主题、期待的反应，甚至是文书的结构概要，这一点非常重要。其中，“主标题”主要用来显示主题并提示期待的反应，“小标题”主要用来显示结构。

通过标题提示主题和期待的反应

除了作者想在其中加入个人和社交色彩的书信以外，作为商务工具的文书，标题是必不可少的。在取标题时，我们要注意体现出文书的“主题”和“期待的反应”。

比如阿尔法公司人事部下发的公司内部通知文书的标题，为“关于阿尔法商学院”。阿尔法商学院（alpha business college）是指阿尔法公司内部公开招募的培训项目。通过这个标题，读者无法了解“关于阿尔法商学院”的通知到底是什么意思。

是想要发出商学院即将授课的通知，或是想要通知变更听课报名的申请方法，还是想要提前向听课者通知某个讲座的预研课题，抑或是想要邀请公司内部的专家担任授课讲师？总而言之，我们要标注主标题，以便明确向读者展示这个通知是为了什么，又是针对阿尔法商学院的哪些内容来写的。比如：

《关于邀请参加阿尔法商学院讲座的通知》

《关于变更阿尔法商学院报名方法的通知》

《关于提前布置阿尔法商学院××讲座预研课题的通知》

《关于邀请××担任阿尔法商学院授课讲师的通知》

下面，我们重新看一下前文列举的B公司报告的标题。在未经过可视化处理的文书（例文5-1）中，标题内容是“关于B公司提升派遣技术人员能力的措施”。对于读者而言，很难通过这种标题理解针对提升技术人员能力的措施到底应该是怎样的。因此，我们应当像经过可视化处理的文书（例文5-2）那样，选择“关于B公司提升派遣技术人员能力的措施的报告”作为标题。

在商务场合，存在许多沟通交流的方式，比如汇报、回复、委托、提案、磋商、邀请、联络等。如果我们将这些沟通交流的类型纳入标题中，就可以向对方暗示自己期待的反应。由于引导对方给出期待的反应是编写文书的目的，因此我们应该通过最先映入读者眼帘的标题进行提示。

通过标题明确展示构思结构

在对构思进行可视化处理时，最重要也是最有效的就是“标题”。

通过小标题，我们可以向读者直接展示结论位于文书的哪个位置，支撑结论的论据有多少个、是什么样的，以及分别位于哪里。

试着从小标题的观点出发，我们可以对未进行可视化处理的文书（例文5–1）和经过可视化处理的文书（例文5–2）进行对比。正如第3章那样，我们使用并列型逻辑模型对报告内容进行构建，如图3–14所示。

在未进行可视化处理的文书（例文5–1）中，虽然作者通过“1.”“2.”以及“1–1）”“1–2）”……“2–1）”“2–2）”的方式进行了编号，但是并没有标注小标题。这样一来，如果读者不通读一遍，就无法理解“1.”和“2.”的内容关系，以及“1–1）”至“1–4）”与“2–1）”和“2–2）”之间的叙述关系，从而影响对整体结构的理解和把握。这样的文书会令人感到不清晰、不易理解。

在经过可视化处理的文书（例文5–2）中，作者通过标注小标题的方式，将导语下面的内容分为“1.调查结果”和“2.参考信息”两部分。“1.调查结果”的内容就相当于通过并列型逻辑模型构建的报告的正文。

经过可视化处理的文书（例文5–2）对逻辑模型的结论部分标注“结论”，对逻辑模型第二层的两个要素分别标注“调动主观能动性的措施”和“提升技术水平的措施”的小标题。对逻辑模型第三层的要素分别标注“招聘阶段”“培养阶段”“评价奖励阶段”“创业扶持阶段”以及“OJT”“OFF-JT”的小标题。

这些标题和小标题并不是随意添加的关键词，而是通过逻辑模型对说明内容按照MECE原则进行分类的切入点。因此，读者在浏览这一系列标题（小标题）后，可以准确把握各部分内容之间的关系，从而较为容易地理解整体结构。

例文5-2将B公司的报告内容控制在了两页纸以内，因此读者只要大体浏览一遍，一系列标题（小标题）就可以尽收眼底。然而，我们有时会遇到文书页数偏多，难以一览掌握文书中所有标题（小标题）的情况。此时，我们切记要添加“目录”。

如果文书的结构模糊，就会导致我们在构思文书时思维停滞，不清楚在哪里添加什么样的标题，结果经常出现超出了时间期限也没有添加标题的情况。符合逻辑的构思是顺利标注有效标题的基本前提。关于构建逻辑模型的方法和流程，请分别参照第2章和第3章的内容。

如上所述，在经过可视化处理的文书（例文5-2）中，逻辑模型的第三层也附带小标题。但是，小标题下的内容相对更短，有时只有一行字左右。在这种情况下，如果再对第三层添加小标题，就会导致文书中出现标题和小标题泛滥的问题，反而会影响可视化效果。因此，在遇到这种情况时，我们应该避免强行添加小标题，改在文书开头明确提出说明的切入点（参照后文“重点3：在开头明确展现说明的切入点”）。

合理使用项目型标题和“So What?”型标题

标题和小标题可以分为两种类型，分别是项目型标题和“So What?”型标题，如图5-2所示。我们先来了解这两种标题分别是什么。

项目型标题的例子

●调动主观能动性的措施
- 招聘阶段
- 培养阶段
- 评价奖励阶段
- 创业扶持阶段

●提升技术水平的措施
- OJT
- OFF-JT

展现构思的切入点

“So What? ”型标题的例子

●注重自主性的调动主观能动性措施
- 聘用独立创业意愿强烈的人
- 在教育、培训时充分发挥导师制作用
- 建立将成果回馈个人的评价奖励机制
- 积极扶持创业

●从OJT和OFF-JT两个方面提升技术水平的措施
- 通过派遣团队实现OJT
- 对专家的技术进行体系化总结做好OFF-JT

展现说明内容的“So What? ”分析

图5-2 项目型标题和“So What? ”型标题

项目型标题

在图5-2的左侧，我们试着列举了经过可视化处理的文书（例文5-2）中正文部分的标题和小标题。这些全部是对并列型逻辑模型第二层和第三层按照MECE原则进行分类时的切入点。这里不包括“作为提升技术水平的措施应该做什么”或者“在招聘阶段应该做什么”等具体内容以及对作者的评价。每个小标题仅展示作者从什么观点出发展开说明的构思切入点。这就是项目型标题的特点。

“So What?”型标题

“So What?”型标题是指在原有标题（小标题）基础上，增加对展开说明的内容进行“So What?”分析后提炼出的本质的标题。图5-2的右侧展示的例子就是将左侧的项目型标题转化为“So What?”型标题的典型案例。

“So What?”型标题的最大特点就是可以厘清说明内容的本质。但是，在使用“So What?”型标题时，我们有两个注意事项。

第一个注意事项非常明确，如果作者不能正确地对说明内容进行“So What?”分析，就会将读者引入歧途，背离作者期待的方向。第二个注意事项是在阐述说明的本质时，作者需要下功夫让读者能够厘清各部分内容之间的逻辑关系。比如在图5-2的“注重自主性的调动主观能动性措施”的标题之下，还有四个小标题，分别对应作为构思切入点的“招聘”“培养”“评价奖励”和“创业扶持”四个人员管理的不同阶段。

如果我们将其替换为下述标题，效果又会如何呢?

- 注重自主性的调动主观能动性措施
  - 注重独立创业意愿
  - 导师制
  - 绩效主义
  - 提供分包业务和独立创业资金支持等

确实，在说明B公司“注重自主性的调动主观能动性措施”方面，这些内容能够发挥提示关键词的作用。但是，这些内容让读者难以迅速把握人员管理的四个阶段，对调动主观能动性的措施进行说明的正文结构。

在使用“So What?”型标题时，我们同样需要下功夫避免出现构思的切入点被埋没的情况。

合理使用的注意事项

表示并列关系的标题和小标题需要保持体例统一，我们要么选择项目型标题，要么选择“So What?”型标题。在并列的标题中，如果我们同时使用特点不同的项目型标题和“So What?”型标题，就会给人一种不协调的感觉，不利于读者把握各部分内容之间的关系。

根据我自己的经验，我们可以参考如下标准合理使用项目型标题和“So What?”型标题。

整体篇幅较短的文书适合使用项目型标题，这会让文书的结构显得简洁、清晰。如果在这类文书中使用“So What?”型标题，往往会出现小标题与下文说明内容重复的问题，容易导致文书显得冗长、拖沓。因此，在日常工作中编写商务文书时，我们往往使用项目型标题。

当编写具有一定体量的文书时，我们可以在遵照上述注意事项的基础上适当运用“So What?”型标题，这样有利于读者迅速把握文书的主题和本质。

3.重点2：充分发挥符号和间距的作用

通过符号和间距明确显示内容在逻辑模型中的位置

对结构进行可视化处理的第二个重点是按照逻辑模型的层级使用一定的符号和间距，在视觉上展示出每部分内容中包括哪些重要性相同的内容。

我们再回顾一下图5-1和经过可视化处理的文书（例文5-2）。在这种情况下，关于符号，我们应当明确如下规则：

●逻辑模型中的结论：不使用任何符号进行记录。

●逻辑模型中的第二层要素：使用“●”（下文称为“大间隔号”），与结论相比，采用左侧缩进的格式进行记录。

●逻辑模型中的第三层要素：使用“·”（下文称为“小间隔号”），与第二层要素相比，采用左侧缩进的格式进行记录。

在这些规则的基础上，我们可以按照得出结论的顺序，记录逻辑模型构建的结论和多个论据。

在此使用的符号可以分为“大间隔号”和“小间隔号”两种，由作者自行决定。在对逻辑模型中处于相同层级的内容进行说明时，通过使用相同的符号，作者可以从视觉上向读者提示记录内容的具体性和重要性等级。除此以外，通过设定适当的缩进和上下间距，作者可以更加清晰地展示意义上的划分方法，从而增强文书的易读性。

即使构建时使用的是解说型逻辑模型，符号和间距的使用方法也是相同的。针对逻辑模型第二层的“事实”“判断标准”和“判断内容”的说明都以“大间隔号”作为开头。如果有第三层，说明都以“小间隔号”作为开头。

在此，我们可以再次对比本章开头列举的未进行可视化处理的文书（例文5–1）与经过可视化处理的文书（例文5–2）。

关于未能进行可视化处理的文书，在符号方面，使用的是“1–1）”至“1–4）”，“2–1）”“2–2）”的数字和标点符号的组合。像这样频繁地使用数字和标点符号的组合，特别是在文书篇幅较短的情况下，反而会令文书版面变得烦琐、混乱。与之相比，使用小间隔号之类的简单符号代替数字和标点符号的组合，会让文书看起来显得清晰、简洁。

此外，在间距方面，未进行可视化处理的文书缺少缩进和上下间距。虽然看似简单，但是正如经过可视化处理的文书（例文5–2）所示，设置一定的间距，可以与标题和符号产生相辅相成的效果，帮助读者意识到“似乎存在意义上的划分”，从而让读者更加轻松地把握整体结构。

例文5–2是对具有三层逻辑模型结构的文书进行可视化处理后的文书。假设存在具有四层结构逻辑模型的文书，在第四层中，我们可以使用“-（短横线）”等“大间隔号”和“小间隔号”以外的符号表示第四层要素。只不过在划分到第四层时，大间隔号、小间隔号、短横线和嵌套结构显得过于复杂，可能导致说明变得琐碎，令人难以把握内容。我在第3章中曾经提到过，从构思的观点出发对逻辑模型进行分层处理时，如果划分到第四层，展开论述“So What?/ Why So?”就容易变得冗长、复杂。从可视化的角度来看，划分到第四层也会让文书变得难以理解。因此，我们最好将逻辑模型的结构控制在三层以内。

依托符号表达的MECE原则和“So What?/Why So?”的关系

在看到完成的文书的瞬间，使用“大间隔号”和“小间隔号”进行表述的方法，给人一种分条列项的感觉，没有什么特殊之处。然而，如上所述，“●”和“・”等符号不仅是用来吸引关注的标记，还是用来展示每部分内容之间逻辑关系的工具。正是依托符号表达的逻辑关系，作者才能向读者清晰地展示文书的结构。

“依托符号表达的逻辑关系”是指MECE原则和“So What?/ Why So?”两种。下面，我们通过例文5-3（对例文5-2中经过可视化处理的文书的正文部分进行摘选的内容），对依托符号表达的MECE原则和“So What?/ Why So?”的关系进行确认。

例文5-3　依托符号表达的逻辑关系可视化示意图（B公司的案例）

1.调查结果

结论

B公司一直积极采取措施，从主观能动性和技术水平两个方面，提升技术人员的技术水平。在主观能动性方面，从招聘到创业扶持的人员管理的各个阶段，B公司都充分注重合理调动技术人员的积极性。在技术水平层面，通过OJT和OFF–JT两种方式，B公司将高水平技术人员的技术推广至全体技术人员。

So What?　Why So?

●调动主观能动性的措施

从聘用独立创业意愿强烈的人，到相互启发的培养机制、体现成果大小和能力高低的工资以及优厚的创业扶持政策，B公司在人员管理的各个阶段，充分激发技术人员的积极性，调动他们提升技术水平的主观能动性。

So What?　Why So?　MECE

- 招聘阶段：聘用独立创业意愿强烈的人，从招聘时就开始宣传，如果员工能够学到高超的技术，B公司会支持其独立创业，从而调动员工提升技术水平的积极性。
- 培养阶段：设有导师制度，资深员工会以咨询师的身份，针对年轻员工在工作中遇到的烦恼提出建议。通过这种方式，年轻员工和专家可以相互启发，共同成长进步，调动员工提升技术水平的积极性。
- 评价奖励阶段：工资由基于利润贡献度确定的绩效工资和基于技术评级确定的固定工资组成，两者各占一半。这种以可见形式直接反映成果大小和能力高低的工资机制，有利于调动员工提升技术水平的积极性。
- 创业扶持阶段：一旦认定员工的技术水平达到专家水准，B公司会以分包业务和提供资金支持的形式支持员工创业，还为其保留返岗复职的通道。这种长期支持创业的制度，有利于调动员工的积极性，激励他们朝着成为专家的目标努力提升技术水平。

●提升技术水平的措施

B公司从OJT和OFF–JT两个层面出发，通过派遣团队和专家开发的体系化技术培训项目，为每位技术人员创造学习高水平技术的机会。

So What?　Why So?　MECE

- OJT：搜集所有技术人员擅长的领域和技术等级排名，构建数据库，并充分发挥作用，组成由高水平技术员工和低水平技术员工混合编配的团队，将其派驻客户企业。借此，低水平技术人员可以在职学习技术。
- OFF–JT：在训练中心配备高水平的技术专家作为培训师，由他们开发并提供对既有技术进行体系化总结的培训项目。技术人员可以自由选择课程，他们对此给出高度评价，认为这些课程很符合实践需求。

结论与大间隔号、大间隔号与小间隔号之间是“So What?/Why So?”关系

结论是“B公司一直积极采取措施，从主观能动性和技术水平两个方面……推广至全体技术人员”的内容。针对这一结论，如果读者提出“Why So?”的疑问，作者主要通过两个“大间隔号”表述的相关内容直接进行回答：

● 调动主观能动性的措施

从聘用独立创业意愿强烈的人，到相互启发的培养机制、体现成果……调动他们提升技术水平的主观能动性。

● 提升技术水平的措施

B公司从OJT和OFF-JT两个层面出发，通过派遣团队和专家开发的体系化……创造学习高水平技术的机会。

此外，与之相反，如果对这两个大间隔号表述的相关内容进行“So What?”分析，总结实质内容，我们就可以得出结论。这样一来，结论和大间隔号表述的相关内容之间的“So What?/ Why So?”关系就成立了。

鉴于此，大间隔号表述的相关内容和小间隔号表述的相关内容，同样也符合“So What?/ Why So?”关系。针对第一个大间隔号后面的“从聘用独立创业意愿强烈的人，到相互启发的培养机制、体

现……调动他们提升技术水平的主观能动性”的表述，如果读者提出“Why So?”的疑问，可以通过下面四个小间隔号表述的相关内容进行回答。此外，与之相反，如果对四个小间隔号表述的相关内容进行“So What?”分析，得到的就是上一层大间隔号表述的相关内容。第二个大间隔号及其下层两个小间隔号表述的相关内容，同样也符合这种关系。

我们应当注意的是例文5-4中的内容。如果有人质疑：“这份文书哪里有问题吧？”你就需要特别注意了。在大间隔号部分汇总，只有“调动主观能动性的措施”和“提升技术水平的措施”两个标题。如果对调动主观能动性的四个措施进行总结，读者不得不认真思考B公司最终会怎么做这一论点。如果想要清晰准确地传递出报告的论点，我们不能以大间隔号的标题草草结束，而是需要提前插入对小间隔号表述的相关内容进行“So What?”分析后的说明。

大家还记得第3章中的图3-18中所述的逻辑模型“缺失第二层”的案例吗？“缺失第二层”是指在构建逻辑模型时，出现缺少第二层相关说明的问题，如果用文书的形式来表达，就如例文5-4所示。在现实中，这种罗列多个小间隔号的表述内容，在其上一层仅有小标题的文书不胜枚举。这样一来，作者往往容易忽视对结论的分析，导致出现缺少进行“So What?”分析的问题。

进行“So What?”分析需要深思熟虑，是一件耗时耗力的事情。

例文5-4 应当避免出现的“缺失第二层”的文书例子（B公司的案例）

1.调查结果

结论

B公司积极采取各种措施，希望调动技术人员的主观能动性，同时，提升实际技术水平。

So What?

●**调动主观能动性的措施**

- 招聘阶段：聘用独立创业意愿强烈的人，从招聘时就开始宣传，如果员工能够学到高超的技术，B公司会支持其独立创业，从而调动员工提升技术水平的积极性。
- 培养阶段：设有导师制度，资深员工会以咨询师的身份，针对年轻员工在工作中遇到的烦恼提出建议。通过这种方式，年轻员工和专家可以相互启发，共同成长进步，调动员工提升技术水平的积极性。
- 评价奖励阶段：工资由基于利润贡献度确定的绩效工资和基于技术评级确定的固定工资组成，两者各占一半。这种以可见形式直接反映成果大小和能力高低的工资机制，有利于调动员工提升技术水平的积极性。
- 创业扶持阶段：一旦认定员工的技术水平达到专家水准，B公司会以分包业务和提供资金支持的形式支持员工创业，还为其保留返岗复职的通道。这种长期支持创业的制度，有利于调动员工的积极性，激励他们朝着成为专家的目标努力提升技术水平。

So What?

●**提升技术水平的措施**

- OJT：搜集所有技术人员擅长的领域和技术等级排名，构建数据库，并充分发挥作用，组成由高水平技术员工和低水平技术员工混合编配的团队，将其派驻客户企业。借此，低水平技术人员可以在职学习技术。
- OFF-JT：在训练中心配备高水平的技术专家作为培训师，由他们开发并提供对既有技术进行体系化总结的培训项目。技术人员可以自由选择课程，他们对此给出高度评价，认为这些课程很符合实践需求。

在大间隔号层级，需要对小间隔号的内容进行总结，并进行“So What?”分析

如果作者产生放弃进行“So What?”分析的想法，那么写出来的文书肯定会给读者留下晦涩难懂的印象。更何况，如果读者没有掌握进行“So What?”分析的技巧，他们就难以正确理解文书的内容。因此，在对构思进行可视化的阶段，我们应再次实施检查，避免落入“缺失第二层”的陷阱。

大间隔号之间、小间隔号之间应当符合MECE原则

如例文5-3所示，大间隔号之间、小间隔号之间应当符合MECE原则。在例文5-4中，用于构建正文的逻辑模型是并列型模型。如果使用的是解说型模型，则大间隔号表示的就是“事实”“判断标准”和“判断内容”三个要素。如第2章所述，针对这三个要素，可以通过MECE原则将其分为两大类：表示客观论据的“事实”和表示作者主观判断的“判断标准”“判断内容”。

无论是使用大间隔号，还是使用小间隔号，我们都应该避免出现错误倾向，防止读者在读到相同符号的表述时，产生怀疑，觉得存在严重重复、没有说清哪里是重要因素或者在具体层级出现偏差等情况。

如上所述，依托在大间隔号或小间隔号中贯穿“So What?/ Why So?”和符合MECE原则的“逻辑横纵法则”，我们可以将符号转化为对结构进行可视化处理的工具。如果熟练掌握将符号作为可视化工具的方法，我们就可以摆脱对逻辑模型树状图的依赖，按照例文5-2的行文风格构建逻辑模型。

4.重点3：在开头明确展现说明的切入点

对构思进行可视化处理的第三个重点是下功夫写好开头。那么，我们具体应该怎么做呢？下面，我对两篇例文进行对比。假设这两篇例文都是巧克力制造商在经历情人节促销大战后汇总的总结报告的一部分，是对商业竞争的外部环境进行分析汇总的内容。两篇例文的内容本身是相同的，如例文5–5、例文5–6所示。

例文5–5　应当避免的错误文书——说明的切入点被埋没在文中

● 今年的情人节促销大战的情况与去年相同，市场规模相对平稳，送给心仪男性的“本命巧克力①”的市场规模没有太大变化，送给普通男性朋友的“义理巧克力②”的市场规模则大幅萎缩。受最近兴起的“甜品热潮”影响，赠送给朋友和熟人的“友情巧克力③”和自己享用的“自用巧克力④”等新细分市场的市场规模呈现出扩大的趋势。

---

① 本命巧克力是指在情人节当天，由女性送给心仪男性的巧克力。因为要送给自己喜欢的人，所以女性一般会选择购买价格较高、质量较好的巧克力或是亲手制作。

② 在日本，女性在情人节这天还会送出“义理巧克力”。义理巧克力一般由女性赠送给没有爱慕之意的普通男性，用以表达平日里的感谢之情。日本人把3月14日称为白色情人节，男性会在那一天向2月14日送自己巧克力的女性还礼，因此女性赠送义理巧克力也有期待白色情人节还礼的意味。这也是日本的一种独特的文化。

③ 近年来，在日本也有朋友之间互赠的巧克力，被称为“友情巧克力”。

④ 自用巧克力，是指自己送给自己的巧克力。现在，日本开始流行自己送自己巧克力的潮流。许多年轻女性都会在情人节这一天，购买平时舍不得买的高档巧克力犒劳自己。

●此前主打的以性价比为卖点的“义理巧克力”的竞争陷入僵局；以面向精英阶层的高端产品为焦点的竞争日趋激烈。

●与著名甜品大师合作推出的“原创（Original）巧克力”、限量版欧洲高级巧克力等高端产品，在作为主要销售渠道的百货商场中，销量呈现增长趋势，为营业额增长做出了贡献。

例文5-6　应当学习的理想文书——在开头明确展现说明的切入点

●综观市场整体，市场规模相对平稳。从细分市场来看，送给心仪男性的“本命巧克力”市场规模没有发生变化，但是送给普通男性朋友的“义理巧克力”市场规模则大幅萎缩。受最近兴起的“甜品热潮”影响，赠送给朋友和熟人的“友情巧克力”和自己享用的“自用巧克力”等新细分市场的市场规模呈现出扩大的趋势。

●关于竞争局面，此前主打的以性价比为卖点的“义理巧克力”的竞争陷入僵局；与之相对，以面向精英阶层的高端产品为焦点的竞争日趋激烈。

●在作为主要销售渠道的百货商场中，与著名甜品大师合作推出的“原创（Original）巧克力”、限量版欧洲高级巧克力等高端产品销量呈现增长趋势，为营业额增长做出了贡献。

这两篇例文都含有三段论述。在应当避免的错误文书（例文5-5）中，如果只是粗略地浏览一下，读者是难以发现三个段落的切入点的。这是因为“市场整体”“竞争”“渠道”等用来对巧克力制造商外部环境进行MECE原则分类的切入点被淹没在正文中了。在应当学习的理想文书（例文5-6）中，每个段落的开头都明确说明了这些切入点。

虽然内容相同，但正如这两篇例文所示，作者是在开头就明确展现说明的切入点，还是让说明的切入点被埋没在文中，对于读者而言，理解作者的构思的难度是不同的。

我们再回顾一下例文5-2中B公司的报告，我希望大家重点关注这篇例文中参考信息的部分。关于B公司的业绩，在这里只记录了简单的数据，但是在各段内容的开头都提出了说明的切入点。比如：

- 营业额、净利润为……
- 市场占有率为……
- 主要客户包括……

在例文5-2的小间隔号层级中，有“招聘阶段”“培养阶段”“评价奖励阶段”“创业扶持阶段”“OJT”以及“OFF-JT”六个小标题。然而，正如上文关于小标题的内容中提到的，当小间隔号后的记录内容篇幅较短时，如果再添加小标题，就会导致文书整体的标题种类过多，造成版面烦琐、混乱的问题。在这种情况下，如果我们按照参考信息的要领，不使用小标题，而是在开头提出了“在招聘阶段……”

"在培养阶段……"等构思的切入点，效果会更好。

* * *

我认为，虽然"可视化"是一种信息展示技术，但是如果我们能坚持在工作中运用，就可以锻炼自己按照逻辑构建说明内容的逻辑思考能力。

我们可以在使用大间隔号和小间隔号等符号时，结合MECE原则和"So What?/ Why So?"，将其运用到编写普通邮件和会议记录中。这样一来，我们就能充分发挥符号作为思维梳理和逻辑构建小工具的作用。在记录了多个小间隔号的内容后，我们需要检查这些内容是否符合MECE原则。此外，我们还要思考是否缺少对小间隔号后的内容进行"So What?"分析后的说明，以及说明的内容是否正确。在此基础上，如果我们养成标注小标题或者在段落开头直接说明切入点的习惯，就能培养善于发现小标题或段落开头说明的按照MECE原则分类的切入点的意识。

此外，如果我们想在团队或部门中推广逻辑思考法，我建议先共享可视化的思维方式，并将其列为起草文书的基本规则。如果我们能在客户沟通报告、日报、周报、月报和公司内部通知等日常文书中充分运用可视化技术，自然就可以营造出自觉实践逻辑思考的氛围。

充分发挥可视化技术的作用，我们可以养成按照MECE原则和“So What?/ Why So?”进行逻辑思考的习惯，依托可视形式表达，通过目视确认……这样循环的过程有助于培养我们的逻辑思考意识。虽说“可视化”只是一种信息展示技术，但其作用不可低估。

附论 “可视化”的应用

针对规定格式文书的应用

在第5章中，我对通过逻辑模型构建正文时应该如何进行“可视化”展开了分析。当然，在我们编写的商务文书中，许多是没有必要使用“结论是……如果问为什么，论据是……”的逻辑模型进行细致说明的。比如针对销售日报和公司内部通知等在规定框架中填写必要事项的文书，或者联络邮件和备忘录、商务信件等篇幅较短的普通文书，在编写时，我们没必要构建逻辑模型。但是，我们要有意识地运用MECE原则和“So What?/Why So?”对内容进行梳理，这一点非常重要。在这种情况下，我们务必运用“可视化”的思维方式。

例文5-7是某医疗机构信息管理部门负责人编写的“参加外部培训会议申请书”。在该机构中，如果员工想要参加外部的研讨会，就需要向人事部提交此类申请书，并获得批准。

如果我们仔细读一下，就会发现参加这个研讨会确实很有意义。然而，从申请书的内容来看，作者只是简单地进行分段，形式松散，根本没说清到底有多少个、什么样的申请参会的理由，这样会令读者感到费解。虽然篇幅不长，但是容易给人一种“如果不认真解读就看

例文5-7 应当避免的松散行文的文书

参加外部培训会议申请书

人事部
培训部长：

申请日期		
申 请 人		
会议名称		
主 办 方		
培训日程		**住宿　□是 □否**
培训费用		
申请参会理由	在当今社会，医疗机构针对《个人信息保护法》的解释存在较大差异，比如对于呼叫患者姓名的行为，有人认为这是违背《个人信息保护法》的，有人则认为其与《个人信息保护法》之间不存在矛盾。 对此，我们需要理解解释的空间到底有多大，应该在多大程度上保护个人信息。该研讨会的××讲师是医疗机构个人信息保护领域的权威，我们可以从其身上了解包括患者需求在内的有意义的信息。 此外，该研讨会中还设有分组讨论的日程。对于我院而言，在制定本院的关于个人信息保护的措施时，了解其他医院针对个人信息保护的基本考虑也是很有必要的。在分组讨论中，由于采取得当措施而备受行业好评的X医院和Y医疗机构将作为小组成员发言，针对各自通过活动积累的经验、教训进行交流。 不仅如此，本部门在推进研究讨论的过程中也梳理产生了一些值得关注的问题。由于此次会议安排了问答环节，我们希望就此征求专家的宝贵意见。综上所述，我们希望能参加该研讨会。	

不明白……”的感觉。

思考的问题

如果使用MECE原则和“So What?/ Why So?”对上述内容进行梳理，我们可以总结出多少个、什么样的申请参会的理由呢？如果使用“可视化”技术来展示重点内容，我们应该怎样对这份申请书进行优化呢？

解释说明

例文5-7中表述的内容可以分为四段。如果使用MECE原则框架中的3C概念，我们可以将申请参加研讨会的理由分为三组：“关于个人信息保护的社会动向及患者需求层面的理由”“竞争医疗机构层面的理由”和“本单位层面的理由”。同时，在对每个话题进行总结时，我们可以试着对希望参加研讨会理由的本质进行概括分析，通过运用“So What?/ Why So?”进行分析。这样一来，我们可以总结出申请参会的三个关键理由：“希望了解社会和行业发展趋势”“希望了解先进医疗机构的应对措施”和“希望了解专家针对相关课题的意见”。

然后，我们可以遵循“明确标注标题和小标题”的原则，按照“充分发挥符号和间距作用”的标准，对梳理出的结果进行可视化处理，最终效果如例文5-8所示。这样一来，与例文5-7相比，负责批复申请书的人员也能迅速了解相关内容，从而有利于做出批准参会申请的判断。

例文5-8　经过可视化处理的文书

参加外部培训会议申请书

人事部
培训部长：

申请日期		
申 请 人		
会议名称		
主 办 方		
培训日程		**住宿**　□是　□否
培训费用		
申请参会理由	本人基于下述三个理由，申请参加会议： ●希望了解社会和行业发展趋势： 作为医疗机构对个人信息保护的解释仍有空间，需要理解应该如何进行解释。××讲师是医疗机构个人信息保护领域的权威，我们可以从其身上了解包括患者需求在内的诸多有效信息。 ●希望了解先进医疗机构的应对措施： 我们需要了解其他机构针对个人信息保护采取的措施。通过与采取得当措施的X医院和Y医疗机构进行分组讨论，我们可以了解这些机构的应对措施。 ●希望了解专家针对相关课题的意见： 针对当前关注的问题，我们希望听取来自专家的意见。对此，我认为讲师和分组讨论人员参加的问答环节是绝佳的机会。	

关键

如例文5-7所示，虽然说明的内容中含有多个不同的观点，但是如果我们没有明确提出总结性的结论，就无法形成“一看就懂”的商务文书。当你想让对方迅速、准确地读懂你写的内容时，你特别需要注意向对方明确展示其中包含了多少个、什么样的事项。要想做到这一点，你不仅要运用MECE原则和“So What?/ Why So?”等思考工具对内容进行梳理，明确划分段落，还要拟好标题，并充分发挥符号和间距的作用。

在现实工作中，我们经常会遇到为了提高公司内部沟通效率，而明确规定各种文书格式的情况。对此，我们应当结合具体情况配套使用如例文5-8所示的可视化方法。如果不这样做，最终形成的就是如例文5-7中所示的形式松散的文书，或者使用千人千面的写作方法，不利于高效推进工作。这样一来，接收信息的人就需要耗费时间去深入思考，从而影响工作效率。实际上，不仅是文书的格式，我们还可以考虑共享相关方法和经验，运用MECE原则和“So What?/ Why So?”等思考工具对内容进行梳理，并实现可视化处理。大家可以试想一下，这样做的效果到底如何?

针对展示资料的应用

我们经常会遇到需要制作PPT（幻灯片）等展示资料的情况。在制作这些展示资料时，我们应当充分运用本章列举的可视化等逻辑写作的方法。只要在PPT的开头部分按照下述三个心得编排内容，我们就可以大幅提升资料和说明的易读性。如图5-3所示，按照三个心得，我们可以明确将B公司的报告书转化为展示资料时开头部分的概要。

三个心得中的第一个是在实施可视化处理之前添加“问题”，也就是在封面之后插入“导语”。如第4章所述，导语是指围绕“写什么、为了什么写”对沟通设计进行说明的部分，存在“作为序言”“今天演讲展示的目的是”“值此提案之际”等各种各样的表达方法。但是，归结到一点，这些都属于“导语”。如果我们在文书开头直接切入正文的内容，会令对方感到唐突和意外。

第二个心得是插入“目录”。

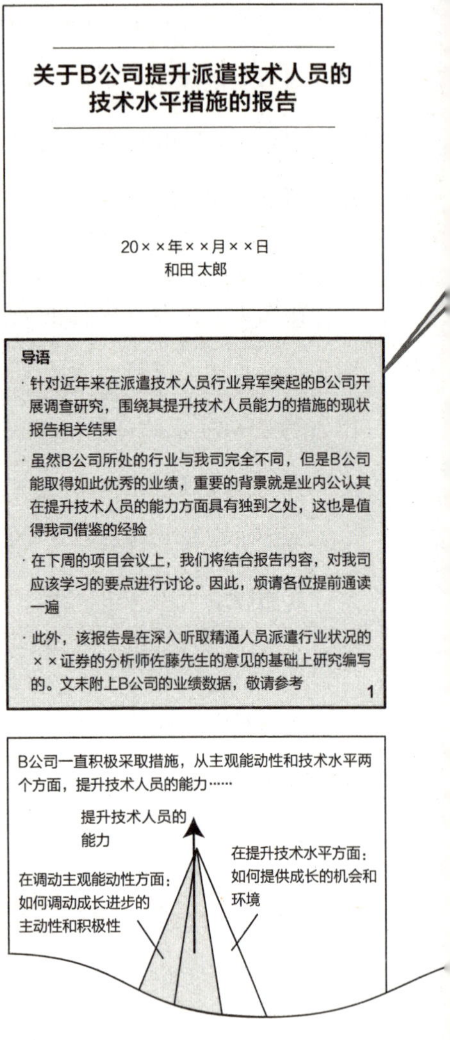

图5-3 简洁清晰地汇总展示资料的三个

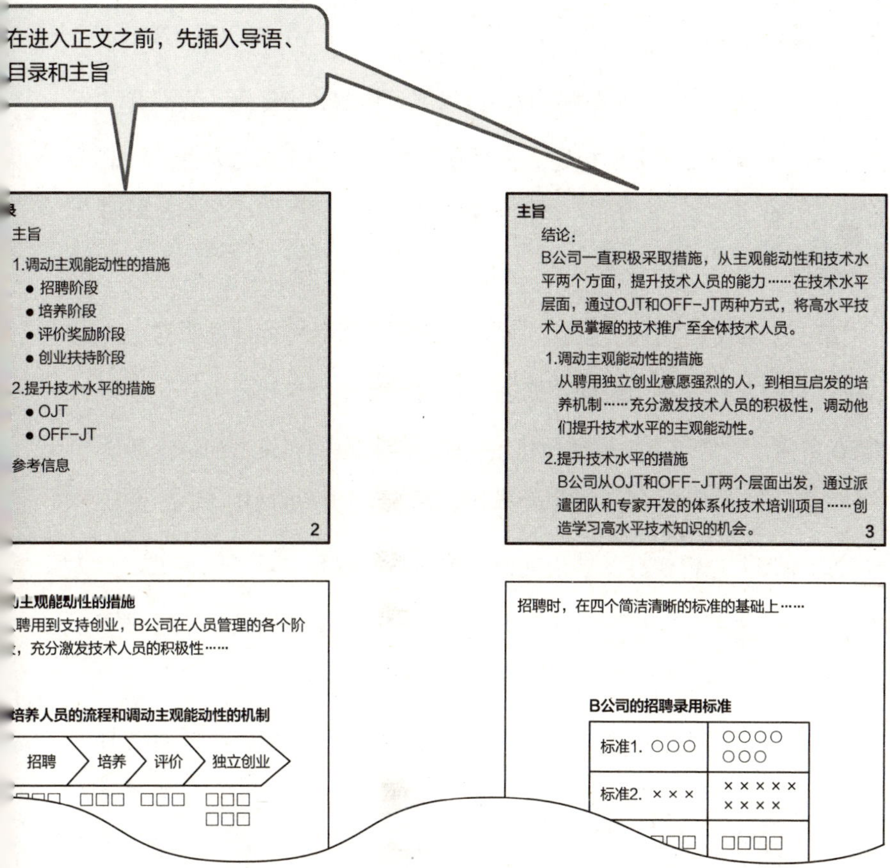
在进入正文之前，先插入导语、
目录和主旨
主旨
1.调动主观能动性的措施
● 招聘阶段
● 培养阶段
● 评价奖励阶段
● 创业扶持阶段
2.提升技术水平的措施
● OJT
● OFF-JT
参考信息
2
主旨
结论：
B公司一直积极采取措施，从主观能动性和技术水平两个方面，提升技术人员的能力……在技术水平层面，通过OJT和OFF-JT两种方式，将高水平技术人员掌握的技术推广至全体技术人员。
1.调动主观能动性的措施
从聘用独立创业意愿强烈的人，到相互启发的培养机制……充分激发技术人员的积极性，调动他们提升技术水平的主观能动性。
2.提升技术水平的措施
B公司从OJT和OFF-JT两个层面出发，通过派遣团队和专家开发的体系化技术培训项目……创造学习高水平技术知识的机会。
3
培养人员的流程和调动主观能动性的机制
招聘
培养
评价
独立创业
招聘时，在四个简洁清晰的标准的基础上……
B公司的招聘录用标准
标准1. ○○○
○○○○ ○○○
标准2. ×××
××××× ××××
□□□□

目录的作用是在一页纸中通过可视化的形式展示资料的整体结构。如果是文书形式的资料，读者只要翻一翻， 就可以从标题中了解整体结构。但如果是页数偏多的展示资料，读者就难以直观地把握展示资料的整体结构了。因此，我们需要提前插入目录。目录和导语的顺序是可以相互颠倒的。

如图5–3所示，在目录中，我们可以展示标题和小标题，我们有时甚至可以展示附带图表的标题。在这种情况下，与其称之为目录，不如说是索引更为贴切。但是，如果目录分得过细，反而令人难以把握整体结构。

第三个心得是插入“主旨”页。对使用展示资料进行说明的正文结论，以及直接支撑结论的论据进行归纳总结的内容就是主旨。正如第3章所述，当使用逻辑模型构建正文时，主旨是逻辑模型的结论和第二层的要素（参照图3–17）。如果正文是由多个逻辑模型构建的，对整体结论和各个逻辑模型的结论进行归纳的内容就是主旨（图3–22）。在图5–3中，“主旨”总结的就是图3–14的逻辑模型结论和第二层的要素。这就成了我们要展示的实质内容。

在向客户提交策划方案等应标竞争的过程中，我们往往要面临书面资料筛选。此外，对方还会进行事后联络，再次确认包括公司内部文书在内的重要情况。有时，未参加汇报展示的人还要发送资料。无论对谁而言，根据二三十页的展示资料，正确实施“So What?”并理解主旨都是不容易的。如果我们能用一页PPT列出主旨，也就是实施所谓的可视化处理，就可以让对方迅速并且正确地理解相关内容。在展示时，我们不必对“主旨”进行详细说明。在完成导语和目录的说明后，我们可以直接切换至展示资料的正文内容。

在PPT开头的部分，首页后的三页应当是“导语”“目录”和“主旨”。在此，我们应该对导语、正文的结构以及主旨进行可视化展示。目前，使用PPT进行展示的沟通手段已经普及，但是同时具备“导语”“目录”和“主旨”三个要素的PPT仍然不多。有鉴于此，请大家务必牢记上述三个心得。

第 6 章 信息的表达

在本章中，作为逻辑思考的总结概括，我将围绕语言表达展开论述。

当你问商务人士在商务文书的表达中应该重视什么时，你得到的答案往往是“简洁”。确实，简洁是至关重要的。但是，我要提醒大家注意的是，我们要时刻反思自己是否使用了过度追求简洁导致说明不充分而令读者质疑“到底是怎么回事？”的表达方式。

此外，我们有时还会遇到一些爱滥用流行的专业术语和英文缩写并为此感到沾沾自喜的作者，他们往往觉得“这才是既高级又专业的表达方式”。但是，无论是用词多么考究的表达方式，只要被读者质疑“到底是怎么回事？”，就只能沦为自以为是的表达而已，根本达不到理想的沟通效果。

平时，我们要注意自己的表达方式，引导读者正确、迅速地读懂我们想要传递的信息，避免他们产生“到底是怎么回事？”的疑问。对于商务文书的表达而言，这是最重要的事情。如果我们能准确地写出自己想表达的内容，自然可以将表现力充分发挥到口头说明中。

我希望大家能抓住具体的着眼点，以便读者正确、快速地理解我们想要传递的信息。

1.理解商务文书中三个重要的基本要求

为了帮助读者正确、快速地理解自己想要传递的信息，我们在表达上要注意三个重要的基本要求。

基本要求1：表达具体而翔实

在起草商务文书时，我们往往存在一种倾向，那就是“表达得越简洁越好”。当然，简洁的表达是非常重要的。但是，如果我们一味地追求越短越好，就会陷入误区，最终导致表达的内容过于抽象，没有任何特色，从而冲淡本应充分表达的本质信息。通过具体而翔实的表达方式将我们希望传递的信息尽可能完整、全面地展现给读者，这才是最为重要的。

基本要求2：表达的逻辑关系要清晰准确

为了确保读者准确理解我们想要表达的信息，我们在表达时需要正确体现叙述内容的逻辑关系，这是不可或缺的。运用逻辑思考的方法，比如我们按照MECE原则建构了要素A和要素B，但是读者并没有按照MECE原则的思路阅读文书，也就根本无法体会其中的逻辑关系，这是非常令人遗憾的。因此，我们要下功夫研究表达方式，确保读者轻松、正确地理解内容的逻辑关系，这是至关重要的。

基本要求3：表达简洁明了

在商务文书中，不管我们论述得多么具体，也不管我们下了多少功夫去正确地表述逻辑关系，我们都要避免使用复杂、冗长的表达方式，防止出现读者需要耗费时间去深入解读的情况。提前设计简洁的表达形式，确保忙碌的读者能够轻松掌握关键信息，这是不可或缺的。

在本章中，我将按照上述三个基本要求，对我们在日常工作中编辑各种商务文书时需要特别注意的重要着眼点进行归纳总结，每个基本要求将列举两个着眼点，如图6–1所示。同时，针对每个着眼点，我将分别按照应当避免的错误例文和改进例文的体例，进行对比分析。

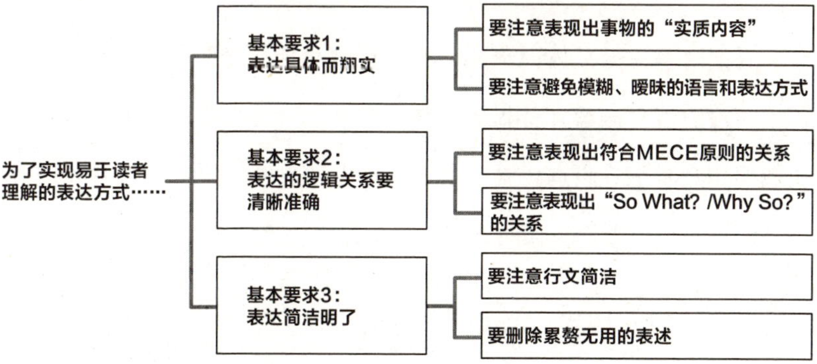

图6–1　关于逻辑思考语言表达的基本要求

2.基本要求1：表达具体而翔实

当我们从编辑服务的角度出发思考文书的改进方案时，最棘手的问题就是表达欠缺具体内容。我们面临的不仅是表达内容过于抽象或者缺乏特色的难题，还要忍受作者生搬硬套流行语的痛苦。对于不熟悉相关语境的人而言，不管读多少次文书，都无法清晰地产生具象，根本想象不出作者想要传递的信息到底是什么。

本来，当通过文书进行沟通交流时，即使读者产生“这是什么意思？”的疑问，大都也无法当场向作者提问。此外，如果读者事务繁忙，便容易产生厌烦情绪，认为“真不知道这是什么意思”，就对文书不再理会。于是，作者辛苦付出的成果很可能就会被束之高阁。因此，作者在进行文书写作时要具体而翔实，以便读者能清晰地把握作者的意图。

要把内容写得具体而翔实，这句话你可能已经听了很多遍了。真正了解注意哪些内容才能做到具体而翔实，才是问题的关键。因此，我们要注意两个着眼点：第一是要注意表现出事物的“实质内容”；第二是注意避免模糊、暧昧的语言和表达方式。

要注意表现事物的“实质内容”

比如有“新产品A的推广宣传失败了”和“新产品A在推广宣传后，销售额未达到目标的5%”两种表述。如果我们对两者进行对比，当然是后者显得更为具体，因为其中体现出了“失败”的具体内容。像这样表现出事物的“实质内容”是非常重要的。

在此，我将围绕“变化”“措施”“附加条件”和“判断标准”这四个商务文书中需要说明的频率较高但在内容表达方面容易出现问题的要素进行分析，从中归纳总结出内容表达的关键。

要表现出“变化”的实质内容

例文6-1摘自某份市场分析报告中关于“手表需求状况”的论述内容。

○经常出现的错误例文6-1

> 手表需求状况
>
> 1. 在年轻阶层人群中，由于生活方式变化，新购买手表和换购手表的需求呈现出停滞的趋势。
> 2. 在中老年商务人群中，由于奖金和加班工资减少，导致他们收入锐减，换购手表的需求呈现出不断萎缩的趋势。

○改进的关键

我们要先关注“1.在年轻阶层人群中……”的表述。乍看起来，这似乎很有道理，没有什么问题。但是，在读过之后，你能清楚地理解为什么年轻阶层对手表的需求呈现出停滞的趋势吗？

“生活方式变化”是导致年轻阶层对手表的需求低迷的原因。但是，关键是变化的内容到底是什么？如果以“生活方式变化”这种表达方式草草收尾，就等同于什么也没说，根本发挥不了任何作用。

因此，我们需要说明年轻阶层不愿意戴手表的原因，如例文6–2所示。

○改进的例文6–2

手表需求状况

1. 在年轻阶层人群中，随着手机普及，手表的计时功能逐渐被手机替代，因此不戴手表的人群不断扩大。这直接导致新购买手表和换购手表的需求呈现出停滞的趋势。
2. 在中老年商务人群中，由于奖金和加班工资减少，导致他们收入锐减，换购手表的需求呈现出不断萎缩的趋势。

○解释说明

例文6–2将“生活方式变化”的实质内容表述为“随着手机普及，

手表的计时功能逐渐被手机替代，因此不戴手表的人群不断扩大”。由此可见，在手机普及的现在，人们对手表的需求发生了巨大变化。

在商务文书中，针对市场环境变化、客户需求变化、行业结构变化等“变化”的说明是非常多的。为了具体表现出变化，我们需要注意表达方式，应该向读者明确“××从××变成××（变成了××）”，也就是变化之前和变化之后的状态。比如我们经常会看见“客户需求变化”的说法，但这是一种模糊的表达方式，我们还需要写明“客户针对××的需求从××变成了××”。关于转移、推移和转换的说明也是这样，我们必须向读者表明变化前后的状态。

要表现出“措施”的实质内容

在×公司中，客服代表会接到大量来自公司以外的投诉。例文6–3是总务部负责人表述的应对措施。

○经常出现的错误例文6–3

> 提升接打电话能力的措施：
>
> 1. 制定客服代表专用手册，并严格落实；
> 2. 进一步发挥直拨号码的作用；
> 3. 做好应对高峰时段的措施。

○改进的关键

假设你是实际执行这项措施的具体负责人，即使你跟进制定详细的落实计划，恐怕也难以形成对这些措施的具体印象。

比如制定客服代表专用手册后，应该严格落实什么内容？应该怎样发挥直拨号码的作用？应该采取哪些措施应对高峰时段？无论是执行者还是决策者，只要是与这些措施相关的当事人，脑海当中恐怕都会浮现出这些问题。在此，我们需要针对这些问题进行简要说明，如例文6–4所示。

要注意的是，我们不应在“行间”，而应在“字里”插入简要的说明。

○改进的例文6–4

提升接打电话能力的措施：

1. 制定客服代表专用手册，要求客服代表熟练掌握公司内部业务情况及其负责部门；
2. 征得各部门配合，希望公司内部各部门积极推荐客户使用直拨号码；
3. 在客服代表兼顾接待业务的高峰时段，确保应急接线员提供支援。

○解释说明

相比于例文6-3，例文6-4追加了简要说明：制定客服代表专用手册并要求客服人员严格落实的内容是熟练掌握公司内部业务情况及其负责部门；为了推进直拨号码的灵活运用，总务部要求各部门积极行动起来；高峰时段的应对措施是指在接待业务的高峰时段，确保应急接线员提供支援。对于作者而言，这些都是非常简单的常识，但是作者至少要进行这样的简要说明，否则不熟悉这些业务的读者根本想象不到这些措施的具体内容。

在说明具体措施的时候，我们需要明确表述“谁应该怎样去做什么”。在现实中，我们经常会遇到针对措施的说明不充分、不易理解的情况，未充分说明“做什么”的情况更是屡见不鲜。对此，我们需要特别注意。

要表现出“附加条件”的实质内容

例文6-5摘自正在研究调整生产线配置的制造企业生产部门负责人编写的报告，该报告主要针对新工厂的生产线配置进行了汇总。

○经常出现的错误例文6-5

> 关于产品A和产品B生产线配置的考虑：
>
> - 在此次设计的新工厂中，产品A和产品B将共用同一条生产线，部署在第1区。
> - 只不过，根据今后的市场动向，产品B的生产线需要被转移至第2区，以实现优化生产线配置的目标。

○改进的关键

请大家关注一下第二项中“根据今后的市场动向……”的部分。在逻辑关系中，存在附加条件，比如“在多数情况下选择A，但根据不同场合也会选择B”或者“在原则上选择A，但根据不同情况也会选择B”中下加直线的文字。文中的“根据今后的市场动向……”也是附加条件。

例文6-5并没有明确说清当市场动向发生怎样的变化时，产品B的生产线需要被转移至第2区进行优化配置。如果这样的话，可能会有部分读者会觉得根本不知道作者的想法和意图。此外，还有些读者可能会向有利于自己的方向解读作者的想法。

有鉴于此，我们应当表现出作者设想的市场动向的具体内容，如例文6-6所示。

○改进的例文6-6

> 关于产品A和产品B生产线配置的考虑：
>
> - 在此次设计的新工厂中，产品A和产品B将共用同一条生产线，部署在第1区。
> - 只不过，在今后预期需求不断扩大的市场环境下，当产品B的年产量达到××万件时，产品B的生产线需要被转移至第2区。

○解释说明

在例文6-6中，下加直线的文字对附加条件进行了说明。如果这样表达，我们就可以清楚地说明在什么情况下需要转移产品B的生产线了。

例文6-6以“当产品B的年产量达到××万件时”的形式，通过定量的方式说明了附加条件。但这并不意味着我们只能通过定量的方式表达附加条件，我们还可以以定性的方式说明附加条件，比如“当决定对产品B采用OEM[①]时”。

在商业领域，许多表述都需要附带附加条件，我们应当做好表

① OEM是英文Original Equipment Manufacturer的首字母组合，意为原始设备制造商，也被称为定点生产，俗称代工（生产）。其基本含义为品牌生产者不直接生产产品，而是利用自己掌握的核心技术负责设计和开发新产品，控制销售渠道。

达，确保作者想要表达的附加条件能与读者的理解保持一致。

要表现出“判断标准”的实质内容

例文6–7节选自 × 原材料供货商销售企划人员编写的报告，该报告主要针对客户选择 × 原材料供货商的标准进行了汇总。

○经常出现的错误例文6–7

> 客户选择 × 原材料供货商的标准主要包括：性价比高低、规格更新和风险应对三个方面。从这三个方面来看，与竞争对手相比，我司产品在规格更新方面处于落后地位。
>
> ●性价比高低：……
>
> ●规格更新：……
>
> ●风险应对：……

○改进的关键

我们看一下开头两行，作为选择 × 原材料供货商的标准，作者列举了“性价比高低”“规格更新”“风险应对”三个方面的内容。

如果对三个方面的表述进行对比，我们就会发现将性价比高低列为客户选择的标准是非常容易理解的。那么，规格更新和风险应对为什么会被列为标准呢？关于 x 原材料的规格更新，具体应该考察什么呢？此外，供应商应该具备怎样的风险应对能力呢？

对例文6–7的表述中欠缺的内容进行补充，效果会大不一样，如例文6–8所示。

○改进的例文6–8

客户选择 x 原材料供货商的标准主要包括：性价比高低、应对规格更新的灵活性高低和针对供应稳定性的风险应对能力强弱三个方面。从这三个方面来看，与竞争对手企业相比，我司产品在应对规格更新的灵活性方面存在短板。

- 性价比高低：……
- 应对规格更新的灵活性高低：……
- 针对供应稳定性的风险应对能力强弱：……

○解释说明

在例文6–8中，作者参考“性价比高低”，将“规格更新”更正为“应对规格更新的灵活性高低”，将“风险应对”更正为“针对供应稳定性的风险应对能力强弱”。这样进行表达，读者就可以具体理解这三个标准了。

在商业领域，我们往往需要对自己的判断进行说明，其基本前提是明确表达具体的判断标准是什么。在这种情况下，我们不能泛泛地将“规格更新”和“风险应对”作为标准，而应该像“应对规格更新的灵活性高低”和“针对供应稳定性的风险应对能力强弱”一样，细化至项目中应该考察的具体标准，这样才能将标准的实质内容准确地传达给读者。

要注意避免模糊、暧昧的语言和表达方式

在具体表达方面，除了要注意表现出事物的“实质内容”外，还有一点也非常重要，那就是注意避免模糊、暧昧的语言和表达方式。下面，我将列举商务文书中频繁出现的三种应当特别注意避免的语言和表达方式。

注意“因人不同而存在解释空间的词语”

例文6–9节选自人事部向全体员工发布的关于人事制度改革的宣传册。

○经常出现的错误例文6–9

> 我司正通过重组推进真正的企业价值管理[1]。作为推进

[1] 价值管理，又称基于价值的管理（VBM），是一种基于价值的企业管理方法，通常是指使股东价值最大化。价值管理是指企业设定符合愿景与企业文化的若干价值信念，并具体落实到员工的日常工作上，一般的工作性质或问题，只要与公司的价值信念一致，员工不必层层请示就可以直接执行工作或解决问题。

这种企业价值经营的方式，此次设计的新的人事制度支柱是MBO[①]。

人事部将举行面向各部门负责人的说明会，帮助大家充分理解此次新人事体系的宗旨……

○改进的关键

例文6–9罗列了重组、真正的价值管理、人事制度、人事体系以及MBO等充满商务风格的专业术语。

读者真的了解这些专业术语在这个语境中到底是什么意思吗？比如对于“重组”，有人会理解为“人事调整”，有人会从广义上理解为“业务架构调整”。“真正的价值管理”中“真正的”到底是什么意思？“人事制度”与“人事体系”之间的区别是什么？这里的MBO是哪个词的缩略语？对于读者而言，这些恐怕都是难以迅速理解的。

例文6–9中的很多专业术语存在读者自己解读的空间和余地，容易让读者产生与作者本意不同的设想，出现“想多了”和“想少了”等问题。为了尽量避免这种模糊、暧昧的表达，我们应该调整表达方式，如例文6–10所示。

① MBO（Management By Objective，企业目标管理）是以目标为导向，以人为中心，以成果为标准，推动组织和个人取得最佳业绩的现代管理方法。

○改进的例文6-10

> 为了推进经营管理转型，实现企业价值最大化，我司不仅要引进管理指标，还要对业务架构进行调整。在此次设计的新人事制度中，为了推动价值管理落地，我司将引进设定个人目标并对实现状况进行评估的目标管理制度（MBO，Management By Objective）。
>
> 人事部将举行面向各部门负责人的说明会，帮助大家充分理解此次新人事制度的宗旨……

○解释说明

例文6-10将“重组”定义为“对业务架构进行调整”；将 “真正的价值管理”的概念定义为“为了推进经营管理转型，实现企业价值最大化，不仅要引进管理指标，还要对业务架构进行调整”；增加了关于MBO具体意思的说明；将“人事体系”改为“人事制度”。

针对“真正的价值管理”等抽象概念以及“重组”等因为使用的人、单位或语境不同可能导致语义存在差异的词语，我们应在其首次出现时给出明确的定义。

在商务文书中，我们经常会看到大量的专业术语和英文缩写。如果直接将其放在文中，读者可能无法理解其真正意义。因此，在首次出现某个专业术语或英文缩写时，我们应对其给出包括词语注解在内的定义。

有时，我们还会遇到像“人事制度”和“人事体系”这样看似相近但实际意思不同的词汇。许多读者认为如果词汇不同，那么表示的意思也不相同。在文书中，如果我们在无意中使用了表面相似但意义不同的词汇表述重要概念，就会令读者的思维陷入混乱。在使用表面相似的词汇时，如果意思不同，我们应该分别对每个词汇进行定义。如果意思相近，我们应选择其中一个说法，然后把不同的说法统一起来。

注意避免“名词结句”

我们需要注意避免商务文书中经常出现的以名词结句的问题。“名词结句”是指用名词或名词性质的词汇作为整句结尾的表现形式。当我们想要简短地对内容进行归纳总结时，我们往往会使用名词结句。名词结句本身没有问题，但是这样可能会导致主语、谓语和宾语之间的关系含混不清，我们需要加以注意。

例文6–11节选自某企业营销部负责人编写的公司内部会议材料。该会议材料主要对公司×商品的营销现状进行了汇总分析。

○经常出现的错误例文6-11

×商品的营销现状：

- ●商品：统一感缺失。
- ●价格：低性价比。
- ●推销方法：按照定价销售导致×商品陷入滞销的恶性循环。
- ●销售渠道：推销失败。

○改进的关键

比如“商品选择标准呈现多样趋势”和“聚焦重点客户”的表达方式，往往都是典型的动宾结构。与之相对，名词结句是指用名词或名词性质的词汇作为整句结尾的表现形式，比如“商品选择的多样化”和“重点客户的聚焦”等。在商务文书中，我们经常会遇到名词结句的情况。

例文6-11中提到的四个名词结句，表示的是事物的状态。为了帮助读者理解事物的状态，需要明确体现“什么变成（了）什么样”。但是，这样的表达效果真的理想吗？在上文中，关于“商品：统一感缺失”的表述，应当说明商品的哪方面没有统一；关于“价格：低性价比”的表述，应当说明性价比到底低到了什么程度；关于“推销方法：按照定价销售导致×商品陷入滞销的恶性循环”的表述，应当说明恶性循环是从哪里开始的，又有什么方法可以终结；关于“销售渠道：推销失败”的表述，应当说明读者心中理解的失败是指“什么变成（了）什么样”的状态，如例文6-12所示。

○改进的例文6-12

×商品的营销现状：

- 商品：商品的风格不统一。
- 价格：设定的价格比竞争对手的产品高大约20%。
- 推销方法：作为按照定价销售导致×商品滞销的应对措施，开始打折销售，因此大幅影响品牌形象，从而陷入进一步滞销的恶性循环。
- 销售渠道：推销失败导致优质客户流失。

○解释说明

我们需要关注例文6-12中下加直线的文字。如果按照这样进行说明，读者应该就能了解×商品的营销现状了。

名词结句本身并没有问题。正如例文6-11所示，名词结句真正的问题在于名词结句往往以罗列关键词告终。在这种情况下，读者是难以把握“什么变成（了）什么样”的本质问题的，因此我们需要特别注意。

当以名词结句时，我们还应当说明应对措施的相关内容，比如“×商品宣传方法调整”“×商品销售手册修订”等。在这种情况下，我们应按照上文中“要表现出‘措施’的实质内容”中阐述的那样，明确体现“谁应怎样做什么”。

如果按照例文6-13所示，对例文6-12进行完善，我们就可以更加具体地说明×商品的营销现状。与例文6-12相比，例文6-13变更的部分只是添加了“为什么”，从而变成了“什么为什么变成（了）什么样”。像这样添加内容后，我们可以更加清晰地传递出×商品的营销现状。在这种情况下，我们就不应拘泥于名词结句，使用正常的行文方式，效果会更加理想。

○**改进的例文6-13**

×商品的营销现状：

- 商品：由于备货工作全权委托给了制造商，导致商品的风格不统一。
- 价格：在时尚珠宝行业价格持续低迷的大环境下，设定的价格比竞争对手的产品高大约20%。
- 推销方法：由于按照定价销售导致×商品销路不畅，因此开始打折销售。这导致品牌形象一落千丈，从而让×商品陷入进一步滞销的恶性循环。
- 销售渠道：销售人员缺乏关于×商品的专业知识和销售话术，滥用推销手段，导致优质客户流失。

注意避免以否定形式结句的表达方式

例文6–14是节选自某报告的部分内容。

○经常出现的错误例文6–14

> 自投入市场以来，我司的抗过敏药物×赢得了众多花粉过敏患者的支持。然而，饱受花粉过敏之苦的患者，对于抗过敏药物的需求已经不仅仅止于疗效了。
>
> 有鉴于此，市场营销部将开始着手修改×产品的宣传信息。首先……

○改进的关键

在第1段的第2～3行中，有“……然而，饱受花粉过敏之苦的患者，对于抗过敏药物的需求已经不仅仅止于疗效了”的内容。如果我们试着关注下加直线的文字，就会发现表述的内容是以“不仅仅止于”的否定形式结句的。

那么，除了疗效以外，花粉过敏患者对抗过敏药物的需求还有什么呢？这才是修改×产品宣传信息的关键。然而，例文6–14中却没有相关表述。

如果我们能够说清楚除了疗效以外，患者还有什么其他需求，就可以增强说明的具体性，如例文6–15所示。

○改进的例文6-15

自投入市场以来，我司的抗过敏药物×赢得了众多花粉过敏患者的支持。然而，花粉过敏患者对于抗过敏药物的需求已经不仅仅止于疗效了，他们还非常关注嗜睡等副作用的大小，以及降低每日最少服药次数的便利性等。

有鉴于此，市场营销部将开始着手修改×产品的宣传信息。首先……

○解释说明

如果看一下例文6-15，我们就会发现花粉过敏患者对于抗过敏药物的需求已经不仅仅止于疗效了，还非常关注副作用的大小和服药次数的多少。

如果你写明“X不是A”，读者就会产生疑问：“那么，X是什么呢？是B，还是C？”当我们以“X不是A”的否定形式结束说明时，我们应该试着思考是否可以用肯定的形式说明“X是B”或者“X是C”。如果能做到这一点，读者就可以形成对X的具体印象。

当然，如果除了“X不是A”以外，我们无法判断其他内容，那么只说明“X不是A”也是非常有意义的。

3.基本要求2：表达的逻辑关系要清晰准确

逻辑关系是运用MECE原则和“So What?/ Why So?”两种思考工具，对多个说明材料进行梳理后形成的。

关于MECE原则和“So What?/ Why So?”，第2章中有详细介绍，请大家参考。在此，我们进行简单的温习。

MECE原则是对多个事项和信息进行“不重复、不遗漏、不偏差”分组的思维方式。

“So What?/ Why So?”是正确推导出“到底是怎么回事”的本质的思维方法。其中，“So What?”是指对手头全部要素或者经过MECE原则分类的要素进行分析，从中推导出可以回答问题的实质内容的过程。“Why So?”是指运用经过“So What?”处理后的要素，对基于手头全部素材或者分类要素归纳出的内容进行验证的过程。

针对某个问题的回答进行逻辑构思的例子，如图6-2所示。要素X是作为回答的结论，要素X和要素A、B、C之间属于“So What?/ Why So?”关系。X对A、B、C三个要素进行了总结，并提炼出了实质内容，最终成了问题的回答。与此同时，要素X对基于A、B、C三个要素切实推导出的结论进行了验证。此外，A、B、C三个要素是按照MECE原则分类的。

如图6-2所示，在表述构建逻辑关系需要的多个要素时，我们要确保读者可以从表述中读出“So What?/ Why So?”关系和符合MECE原则的关系。下面，我们来看一下对照检查的要点。

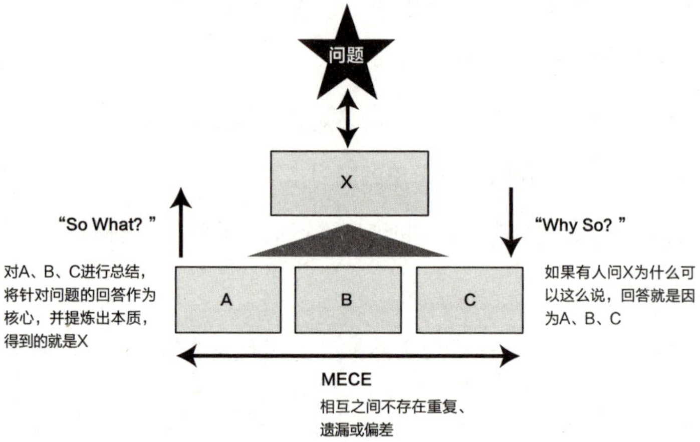

图6-2　针对某个问题的回答进行逻辑构思

要注意表现出符合MECE原则的关系

在图6-2中，为了表现出符合MECE原则的关系，我们需要对要素A、B、C三个并列要素进行不重复、不遗漏、不偏差的分类，并明确展现出切入点，这是至关重要的诀窍。在具体操作时，我们可以先按照第5章“构思的可视化”中提到的三个重点——“明确标注主标题和小标题”“充分发挥符号和间距的作用”以及“在开头明确展现说明的切入点”处理文书内容，这样的效果是非常明显的。

在此基础上，如果我们能体现第6章介绍的信息表达的诀窍，就可以更加明确、有效地展现出MECE原则的切入点。

注意统一并列内容的表达方式

例文6–16是从三个层面出发对C公司的老年运动服饰业务存在的问题进行分类总结的报告，我们重点关注其小标题。

○经常出现的错误例文6–16

> 老年运动服饰业务存在的问题：
>
> ①目标客户不够精准……
>
> ②生产成本过高……
>
> ③销售……

○改进的关键

在以三个小标题为基础对问题进行说明时，应该以按照MECE原则分类为前提。在例文6–16中，小标题本身的表述中是不是存在不合适的部分呢？

这三个小标题属于并列关系，但是表述的风格截然不同。①和②提到了存在的具体问题。与之相对，③只提到了问题的层面，但没有明确指出具体问题。

针对并列的标题（小标题），如果表述风格和体例不统一，读者就难以把握标题（小标题）之间的关联性。因此，我们应该统一三个小标题的表述风格，如例文6–17、例文6–18所示。

○改进的例文6–17

> 老年运动服饰业务存在的问题：
>
> ①商品企划层面……
>
> ②生产层面……
>
> ③销售层面……

○改进的例文6–18

> 老年运动服饰业务存在的问题：
>
> ①目标客户不够精准……
>
> ②生产成本过高……
>
> ③促销技巧不足……

○解释说明

在按照MECE原则对要素进行分类的时候，有一种按业务流程（见图2-4）分类的方法，按照从起点至终点的过程对业务进行分段。我们可以使用这种方法，按照商品企划、生产和销售的业务功能，对业务的问题进行分类汇总。

在此，我们可以提出两种改进方案。在例文6-17中，我们可以将例文6-16中的①和②统一调整为③的体例，按照业务功能分类拟定小标题。在例文6-18中，我们可以充分借鉴例文6-16中①和②的体例，以此为基础对③的体例进行调整，我们可以按照各功能存在的问题拟定小标题。

这样一来，作为并列表述的表现方式，不存在任何不协调的感觉，读者更容易把握三个小标题论述内容之间的关系。

关于标题，我从用来展示结构的工具的观点出发，在第5章中进行了介绍，请具体参考相关内容。如例文6-17所示，我们可以将仅显示说明项目的标题称为项目型标题。如例文6-18所示，我们可以将仅显示说明内容的标题称为“So What?”型标题。在标记并列的标题时，我们要避免项目型标题和“So What?”型标题混杂使用，这一点至关重要。

注意不依赖连词，明确体现切入点

×工业原料的制造商D公司准备进军A国市场，例文6-19是针对A国市场竞争概况进行梳理总结的报告。

○经常出现的错误例文6-19

A国市场的竞争概况：

- A国市场处于混乱无序的状态，除了D公司以外，还有大大小小多家当地企业参与竞争。但是，能够满足主要客户对于质量和产品规格灵活变更需求的只有D公司。因此，对于D公司而言，A国市场当前属于卖方市场。
- 此外，日本的×行业处于疲软状态，因此在日本与D公司竞争的企业参与A国市场竞争的可能性较低。与此同时，由于A国当地企业和D公司在技术水平方面存在较大差距。因此，我们分析认为，D公司卖方市场的局面今后仍将持续。

○改进的关键

关于A国市场竞争的表述，可以分为两个部分。两个部分的表述是用“此外”这一连词连接的。但是，根据例文6-19的内容，读者是难以了解每部分的表述是通过什么切入点来说明A国市场竞争概况的。

我们需要对其修改，才能明确体现说明的切入点，如例文6-20所示。

○改进的例文6-20

A国市场的竞争概况：

- 当前的A国市场，处于混乱无序状态，除了D公司以外，还有大大小小多家当地企业参与竞争。但是，能够满足主要客户对于质量和产品规格灵活变更需求的只有D公司。因此，对于D公司而言，A国市场当前属于卖方市场。
- 展望今后的A国市场，由于日本的×行业处于疲软状态，因此在日本与D公司竞争的企业参与A国市场竞争的可能性较低。当地企业在技术水平方面远远落后于D公司。因此，我们分析认为，对于D公司而言，卖方市场的局面今后仍将持续。

○解释说明

两个部分的表述都运用了分阶段的思维方式，按照“当前”和“今后”两个阶段对A国市场面临的竞争概况按照MECE原则进行分类。因此，在例文6-20两个部分的开头中，分别体现了“当前的A国市场”和“展望今后的A国市场”的说明切入点。

第5章“构思的可视化”的“重点3”：在开头明确展现说明的切入点”就论述了这方面的内容。

在语言表达方面，我们需要注意避免过度依赖连词，否则就会落入未能在文章开头明确提出说明切入点的陷阱。大家应当特别注意的是经常出现的例文6-19中的“此外”。由于使用方便，人们往往会在不知不觉间用“此外”，但是“此外”既含有并列的意思，也有补充说明的意思。

在使用“此外”这个连词时，我们需要思考“此外”之前和之后的说明内容之间的关系。在“此外”前后的说明内容属于并列关系，并且重要性相同的情况下，我们应当像例文6-20那样，明确提出说明的切入点。当然，我们也可以使用“此外，如果展望今后的A国市场……”的表述方式，但是真正体现符合MECE原则的关系的还是下加直线的文字。

要注意表现出“So What?/Why So?”的关系

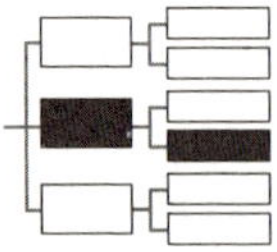

表现逻辑关系的另一个思考工具是“So What?/Why So?”。在表现“So What?/Why So?”的关系方面，我们应当注意三个关键：一是问题与回答之间关系的表现方式；二是对多个要素进行归纳总结并提炼实质内容时的表现方

式；三是说明每个要素的重点的表现方式。

表现时要注意保持问题与回答的主语一致

例文6–21摘自对员工养老保险制度进行研究的报告，主要就美国健康维护组织（HMO，Health Maintenance Organization）[①]的基本情况进行了说明。

○经常出现的错误例文6–21

> 企业每年向HMO（Health Maintenance Organization）缴纳一定额度的医疗保险费，企业的员工可以在HMO旗下的医疗机构就诊。HMO旗下的医疗机构接受HMO的指导，避免提供过度的医疗服务。这样一来，降低的实际支付的医疗费与缴纳的一定额度的保险费之间的差额就是HMO的利润。
>
> 随着HMO的出现，美国社会享受到了控制医疗费用的发展红利，企业也成功削减了每年支出的医疗保险费用。但是，近年来，HMO也被指存在一些问题，比如由于HMO指导医疗机构过度削减成本，导致医疗服务质量下降等。

① 健康维护组织是美国常见的医疗保险形式之一，属于管理型医疗保健组织。该组织在收取固定预付费用后，为特定地区主动参保人群提供全面的医疗服务。

○改进的关键

我们应当注意开头的文字说明。这部分内容虽然对HMO的机制进行了说明，但是总令人难以理解到底是什么意思。

这里应该提出的问题是：HMO到底是什么？那么，开头的文字说明的主语就应该是“HMO”，如例文6-22所示。

○改进的例文6-22

HMO（Health Maintenance Organization）是美国医疗保险体系的新的中坚力量，每年接受企业缴纳的一定额度的医疗保险费，并将保险覆盖人群引导至 HMO旗下的医疗机构就诊。同时，HMO对旗下的医疗机构进行指导，避免提供过度的医疗服务。接收的一定额度的保险费和实际支付的医疗费之间的差额就是HMO的利润。

随着HMO的出现，美国社会享受到了控制医疗费用的发展红利，企业也成功削减了每年支出的医疗保险费用。但是，近年来，HMO也被指存在一些问题，比如由于HMO指导医疗机构过度削减成本，导致医疗服务质量下降等。

○解释说明

在例文6-22中，改进的关键就是将开头的主语改为了问题的主语“HMO”，对该机构在医疗体系中发挥的作用及其主营业务进行了说明。在例文6-21中，分别以“企业”“员工”“医疗机构”以及“差额”作为主语对HMO进行了说明。

确保回答与问题一致是逻辑说明的基础。因此，我们在表达上应该注意的是回答的主语。由于问题是“HMO到底是什么？”，因此回答应该以“HMO”为主语，按照“HMO是……运作方式是……”的形式进行说明。这样一来，我们就可以确保问题与回答一致，即使是对HMO缺乏知识储备的读者，也能顺畅地理解说明的内容。

此外，例文6-22除了以HMO作为主语以外，在开头还插入了“HMO是美国医疗保险体系的新的中坚力量……”的说明，体现了HMO的概况。

要明确体现实质内容

例文6-23摘自某房地产服务企业策划的面向客户的“我家一条龙服务（Myhome Cordinate Service）”新型服务方案。

○经常出现的错误例文6-23

“我家一条龙服务”的概要

“我家一条龙服务”旨在为希望建造定制化住宅的各位客户提供以下帮助：

步骤 1：登记注册

请在登记表中填写必要事项和需求信息，并装入随附的信封中寄回我司。

步骤 2：说明针对建筑师的需求

我司将从与我司合作的100名建筑师中，推荐最适合客户需求的3名，举办说明会，安排客户与建筑师直接对话，就建房的相关需求和想法交换意见。在说明会期间，我司的协调人员将始终在现场服务，确保切实传递客户的需求和愿望。

步骤 3：提出建房方案

基于说明会的内容，我司将对各建筑师提交的建房方案进行严格检查，确认是否遵守法规、是否存在建筑结构方面的问题、是否将成本控制在预算范围内。在经过检查后，各建筑师将就建房方案进行陈述和展示。

步骤 4：确定建筑师

请客户充分评估我司提交的方案，并决定委托进行设计的建筑师。由协调人员提供支援服务，比如创造客户与建筑师当面沟通的机会、针对不清楚的事项进行调查，以及站在客户立场上针对客户的疑问提出客观建议等。

○改进的关键

我们要注意开头两行文字。这两行文字应该对下面四个步骤的表述内容进行“So What?”分析，并说明该服务的实质内容。

但是，这部分使用了“旨在为希望建造定制化住宅的各位客户提供以下帮助”的论述。如果用“以下”这个词来概括的话，即使读者想先了解一下这个服务的大概内容，也必须逐一读完步骤 1至步骤4的说明才行。这样一来，对于工作繁忙的读者而言，就难以迅速把握“So What?”的要点。

为了实现让读者不读步骤 1至步骤4就能了解该服务大体内容的目标，我们对四个步骤的说明进行总结，明确提出实质内容，如例文6-24所示。

○改进的例文6-24

“我家一条龙服务”的概要

该服务由住宅设计专家提供周到的支援，旨在帮助各位客户选择最适合的建筑师，实现“拥有质优价廉的定制化住宅”的目标。

步骤 1：登记注册

请在登记表中填写必要事项和需求信息，并装入随附的信封中寄回我司。

步骤 2：说明针对建筑师的需求

我司将从与我司合作的100名建筑师中，推荐最适合客户需求的3名，举办说明会，安排客户与建筑师直接对话，就建房的相关需求和想法交换意见。在说明会期间，我司的协调人员将始终在现场服务，确保切实传递客户的需求和愿望。

○解释说明

例文6–24在开头就明确提出了应该如何帮助客户选择建筑师。如果有这样的表述，即使读者不读完具体步骤的说明文字，也可以把握服务的总体情况。

在商务文书中，“关于×，请参见如下所示”的表述后，往往会列举多项内容。当然，如果我们不要求读者迅速了解实质内容，只希望提醒读者在阅读的同时，也对这些表述进行“So What?”分析的话，那也是可以的。

但是，如果缺乏这种意识，只是简单地表述为“如下所示”或“按照下述内容”的话，就会像第3章“正文的构思②”中所述那样，出现忽视“So What?”的问题。这样一来，我们就无法表达出整段文字的实质内容。我们要坚持耐心地对“下述”和“以下”所指的内容要点进行分析，明确“So What?/ Why So?”，并通过文字将其说明。

要正确体现说明的重点

例文6-25是按照3C框架中的各个项目，对经营意大利面业务的E公司的业务现状，进行梳理总结的内容。

○经常出现的错误例文6-25

- 市　场：消费者追求“以实惠的价格购买健康食品，以实现瘦身的目标”。特别是作为减肥大军中坚力量的20～30岁年龄段的人群，正在将意大利面作为日常主食固定下来，市场对意大利面减肥法的关注度越来越高。
- 竞争对手：在当前阶段，各竞争对手主打的减肥食品定位基本都是辅食或治疗食品，还没有主打为健康人群提供日常饮食或强调意大利面减肥效果的商品。但是，之前有企业关注过意大利面减肥市场的前景并积极参与，然而最终以失败告终。
- 本 公 司：之前，本公司从未涉足过以减肥为切入点的意大利面相关商品开发领域。不过，作为独特的优势，目前我司拥有取得专利权的具备减肥效果的调味品，并且作为日常食品品牌，具有较高的知名度和较强的成本竞争力。

○改进的关键

请注意上文中提到的“竞争对手”和“本公司”相关内容的表述。关于竞争对手也好，关于本公司也好，这些表述不仅提到了现在的状况，还涉及了过去的状况。

其中还有“但是”“不过”等连词，如果是“A，但是B”的表现形式，就意味着说明的重点在于B；如果是“A，不过B”的表现形式，就意味着说明的重点在于A，B只不过是添加的说明注释。

现在，上述两种表述中应该回答的问题是：竞争对手的现状如何？本公司的现状如何？在这一点的基础上，我们再反思一下例文6-25中“但是”和“不过”这两个连词的使用方法并对其修改，如例文6-26所示。

○改进的例文6-26

- 市　场：消费者追求“以实惠的价格购买健康食品，以实现瘦身的目标”。特别是作为减肥大军中坚力量的20～30岁年龄段的人群，正在将意大利面作为日常主食固定下来，市场对意大利面减肥法的关注度越来越高。
- 竞争对手：在当前阶段，各竞争对手主打的减肥食品定位基本都是辅食或治疗食品，还没有主打为健康人群提供日常饮食或强调意大利面减肥效果的商品。不过，之前有企业关注过意大利面减肥市场的前景并积极参与，然而最终以失败告终。

●本 公 司：之前，本公司从未涉足过以减肥为切入点的意大利面相关商品开发领域。但是，作为独特的优势，目前我司拥有取得专利权的具备减肥效果的调味品，并且作为日常食品品牌，具有较高的知名度和较强的成本竞争力。

○**解释说明**

在例文6-26中，例文6-25中的“但是”和“不过”的位置被对调了。在这里，本应说明的是意大利面业务的现状。因此，如果不改变说明内容的顺序，在关于“竞争对手”的表述中，说明的重点是在前半段，与之相对，在关于“本公司”的表述中，说明的重点在后半段。因此，关于“竞争对手”项目，应当使用“不过”，关于“本公司”项目，应当使用“但是”。

连词表示的是表述内容的关联性，因此，越是对文书内容缺乏知识储备的读者，越依赖连词来理解上下文。如果我们未能正确使用连词，就会误导读者。因此，我们需要特别注意连词的用法。

4.基本要求3：表达简洁明了

因为商务文书的读者一般都是工作繁忙的商务人士，所以在文书的语言表达方面，我们需要采用简明扼要的表达方式。可以说，这是编写商务文书的基本规则。

行文复杂、文字冗长、内容累赘的文章，读者不仅读起来费劲儿，还难以把握正确的意思，可能会引起严重的“并发症”。

下面，我将围绕两点进行分析：第一点是要注意行文简洁，第二点是要删除累赘无用的表述。

要注意行文简洁

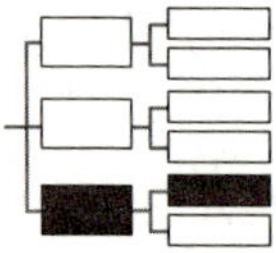

行文的基本语法是“主语+谓语”。如果“主语+谓语”的组合表现得过于复杂，或者“主语+谓语”的关系模糊不清，写出来的文章就会变得晦涩难懂。在行文时，我们应当针对一个个词句，尽量使用“主语+谓语”的基本组合，力求行文清晰简洁。

明确主语和谓语，力求词句简短

例文6–27的内容摘自某网络公司拟举办的研讨会的邀请函。

○经常出现的错误例文6–27

> ……我司决定于××月××日××时举办“知识价值研讨会”。
>
> 敬请各位拨冗参加，我们将竭诚为您服务。
>
> 在企业中，员工的工作形态发生了巨大变化，比如人手一台计算机、普遍连接互联网、公司内外使用电子邮件沟通以及充分发挥群件[①]作用等。这些变化并不是企业信息化的目标，而是通过信息驱动，有效发挥企业内外的海量信息在解决经营和业务运营问题方面的作用。
>
> 我司一直以来……

○改进的关键

我们应当先关注“在企业中，员工的工作形态发生了巨大变化。比如，人手一台计算机……”这段文字。这段文字过长，读起来非常难懂。

这段冗长的文字主要包括三套“主语结构（主语和修饰语）+谓语结构（谓语和修饰语）”，分别是：

“员工的工作形态（主语结构）发生了巨大变化（谓语结构）”；

“这些变化（主语结构）并不是企业信息化的目标（谓语结构）”；

① 群件（GroupWare）就是帮助群组协同工作的软件。

“……（主语结构）通过信息驱动，有效发挥企业内外的海量信息在解决经营和业务运营问题方面的作用（谓语结构）”。只不过在第三个句子中，并没有明确标记与谓语部分匹配的主语。

按照“主语+谓语”的基本结构，对这段文字进行切分，结果如例文6–28所示。

○改进的例文6–28

……我司决定于××月××日××时举办“知识价值研讨会”。

敬请各位拨冗参加，我们将竭诚为您服务。

在企业中，员工的工作形态发生了巨大变化，比如人手一台计算机、普遍连接互联网、公司内外使用电子邮件沟通以及充分发挥群件作用等。然而，这些变化并不是企业信息化的目标。企业信息化的目标是通过信息驱动，有效发挥企业内外的海量信息在解决经营和业务运营问题方面的作用。

我司一直以来……

○解释说明

在例文6–28中，我们通过“改进的关键”中列举的“主语+谓语”组合，将邀请函的文书分为了三个部分。在第三部分的文字中，我们对例文6–27中隐藏的主语“企业信息化的目标”进行了补充。在例文6–27中，这个真正的主语并未被明确提及。因此，导致“这些变化（工作形态的变化）”看似成了“通过信息驱动，有效发挥企业内外的海量信息在解决经营和业务运营问题方面的作用（谓语结构）”的主语。在这种情况下，主语和谓语是不对应的，作者想要表达的意思也就不顺畅了。

通常来说，句子是以谓语为中心构成的，如果“主语+谓语”的文字过长，就会令读者感到困惑，难以把握文字的意思。在冗长的句子中，即使出现主语和谓语不匹配的情况，也很可能会被掩盖，甚至连作者本身都难以意识到错误。

我们要尽量明晰“主语+谓语”的关系，力求文字简洁明了。句子长度的标准，最好能在看到文章字面的瞬间就可以大体浏览完整体内容。如果按照A4纵向从左至右排版，平均的字体大小为五号的话，句子的长度最好控制在60个字左右，这样读者读起来会更容易理解。

避免滥用“……由于……”

例文6–29摘自某企业内部项目结束时，项目成员总结并向管理层提出建议的报告。

○经常出现的错误例文6-29

> 在此次的项目中，由于采用跨部门团队推进研究的方式，由于团队成员可以各自掌握其他部门的最新动向，因此再次确认了由担负业务实际运营的中层共享最新信息的重要性。
>
> 今后，为了推进中层共享信息……

○改进的关键

在例文6–29的第一段中，多次出现“由于……”和“由……”。

下面，我们重点关注两处下加直线的“由于……”。它们属于“由于A，由于B，因此C”的结构。由于A的原因，得出B的结论，而B又是C的原因，这种双重因果关系是通过“由于……由于……因此……”联系起来的。

我们需要对这种因果关系进行梳理，如例文6–30所示。

○改进的例文6-30

> 在此次的项目中，由于采用了跨部门团队推进研究的方式，因此团队成员可以掌握其他部门的最新动向。通过这个项目得到的经验，全体成员再次确认了由担负业务实际运营的中

> 层共享最新信息的重要性。
>
> 今后，为了推进中层共享信息……

○**解释说明**

在例文6–30中，例文6–29中的一句话被拆分为两句话，分别说明了项目活动的内容和由此得到的经验。在此基础上，“团队成员”被设定为最开始的一句话的主语，“全体成员”被设定为第二句话的主语。这样一来，“主语+谓语”的关系就变得更加清晰了。

在商务文书中，人们经常使用“由于（因为、由）A……”的形式表达“A是……的原因”的意思。但是，如果在无意间错用这种表达方式连接语句，就会像例文6–29一样，在文字中制造出多重因果关系，从而导致行文晦涩、复杂。

此外，我们有时还会用“由A……”来表示A是动作行为的主体，相当于“A来做……”的意思。这种用法与表示原因的“由于……”一起使用时，会令人感到迷惑，难以把握文字的意思。对此，我们需要特别注意。

避免滥用被动的表现形式

例文6–31摘自《关于竞争对手A公司产品研发机制的调查报告》中记录的部分内容。

○经常出现的错误例文6-31

> 在A公司中，由员工提出新产品创意的制度被引进作为产品研发的机制之一。提案活动被定位为业务工作的一环，被采用创意的创意提供者会被发放奖金。这样一来，通过员工提案制度，每年被提交上来的提案都能达到250个左右。在过去10年间，A公司的新产品大约七成被员工提案的新产品所占据。

○改进的关键

这段文字给人一种拖泥带水、节奏拖沓的感觉。下面，我们试着关注例文6-31中被动的表达方式。

可以说，例文6-31通篇充斥着“被”这个用于被动句的助词。那么，在这段文字中，究竟有多少只能使用被动句的表达方式的地方呢？保留这些地方，将其余部分修改后，如例文6-32所示。

○改进的例文6-32

> 作为产品研发的机制之一，A公司引进了由员工提出新产品创意的制度。该公司将提案活动定位为业务工作的一环，并向创意获得采用的创意提供者发放奖金。这样一来，通过员工

提案制度，每年被提交上来的提案都能达到250个左右。在过去10年间，A公司的新产品有七成是基于员工提案研发出来的。

○解释说明

在例文6-32中，除了一处被动的表达方式得以保留外，其他被动表达方式全部都被换成了主动表达方式。这样改过之后，读者读起来更加简洁明了、清晰易懂。

如果作者能用“（谁）……做……（什么）”的主动表达方式来说明事物，我们就更容易理解作者表达的意义。越是在读者不了解背景、知识储备不充分的时候，我们越应将被动的说明内容替换为主动的表达方式。如果我们无意间滥用了被动的表达方式，往往容易导致文章晦涩难懂。对此，我们要充分注意。

要删除累赘无用的表述

在保持行文简洁的基础上，我们还要从文中删除累赘无用的表述。

避免叠床架屋，多此一举

例文6-33摘自针对“成功削减成本的基本要求”进行总结的文书。

○经常出现的错误例文6-33

成功削减成本的基本要求：

- 经营团队实施高水平的成本削减目标设定，并就目标本身及实现目标的重要性，与公司内部各部门达成信息共享化。
- 实施调动各部门参与成本削减活动积极性的机制构建。
- 新增统管全公司成本削减活动的职能组织。该组织实施针对各部门成本削减活动方案的探讨活动，实现必要的部门间合作机制明确化。

○改进的关键

希望大家关注一下句尾的表达。我们是不是应该避免叠床架屋、意义重复的累赘表述呢？

比如在第一点的文字中，存在“实施……设定”和“达成……共享化”的表述。但是，效果如何呢？在其他内容中，是否还有这种意义重复的表述呢？

这些问题被修改后，如例文6–34所示。

○改进的例文6-34

成功削减成本的基本要求：

- 经营团队设定高水平的成本削减目标，并就目标本身及实现目标的重要性，与公司内部各部门充分共享信息。
- 构建调动各部门参与成本削减活动积极性的机制。
- 新增统管全公司成本削减活动的职能组织。该组织将探讨各部门的成本削减活动方案，并明确必要的部门间合作机制。

○解释说明

在例文6-34的第一点中，我们将“实施……设定”改为了“设定……”，将“达成……共享化”改为了“共享……”；在第二点中，将“实施……构建”改为了“构建……”；在第三点中，将“展开探讨……”改为了“探讨……”，将“实现……明确化”改为了“明确……”。

在“共享化”和“明确化”中，“化”已经包含了“共享”和“明确”的意思，因此我们可以将“达成……共享化”和“实现……明确化”改为“共享……”和“明确……”；在“实施……设定”“实施……构建”“实施……探讨”中，下加直线的词语已经表示了某种动作，因此将这些词语搭配改为“设定”“构建”“探讨”后，文字显得更为简洁清晰。

在文章中，如果这种叠床架屋的表达方式只是零零散散地存在，可能不会引起读者的关注。但是，如果频繁出现这样的问题，就会导致读者感到文章内容冗长，这是我希望大家特别注意的地方。

避免无用的强调

例文6–35摘自对从事人物形象授权（Character License）业务的×公司的相关业务的分析报告。

○经常出现的错误例文6–35

> 从×公司的案例中，我们对人物形象授权业务成功的关键进行了梳理，具体包括两点：首先，在人物形象开发过程之中，通过在人物形象的设计之中如实反映社会面貌和潮流趋势，防止人物形象脱离实际和严重落伍；其次，在许可证授权过程之中，创作充分发挥人物形象固有特色的商品之中，×公司自身积极向受证人提出创意方案，借此深度参与和融入商品制造过程之中。

○改进的关键

“在……之中”“……之中……”的表现形式在例文6-35中反复出现。我们可以将其替换为“在……中”“……中”。“在……之中”和“……之中……”带有文言文色彩，与“在……中”“……中”相比，容易营造出突出强调的意味。

频繁使用“在……之中”“……之中……”的表达方式会产生负面效应，导致原本并不显眼的事物突然变得惹人关注。那么，如果我们要想突出 × 公司在人物形象授权业务方面两个成功的关键，应该如何适当处理呢？我们可以参考例文6-36。

○改进的例文6-36

从 × 公司的案例出发，我们对人物形象授权业务成功的关键进行了梳理，具体包括两点：首先，在人物形象开发过程之中，将社会面貌和潮流趋势如实反映在人物形象的设计中，以防人物形象脱离实际和严重落伍；其次，在许可证授权过程之中，× 公司自身也积极向受证人提出充分发挥人物形象固有特色的商品创意，从而深度参与和融入商品制造的过程。

○解释说明

作者认为 × 公司在人物形象授权业务方面的成功关键分别是：人物形象开发和许可证授权。

在例文6–36中，“在……之中”的表达方式聚焦于“在人物形象开发过程之中”和“在许可证授权过程之中”两处，其余各处“在……之中”“……之中……”的措辞均被修改了。

如果我们在无意间滥用“在……之中”“……之中……”等带有强调意味的词语，就会淡化作者原本希望强调的内容。我们只有聚焦希望强调的部分，才能让文字发挥出我们期待的效果。

* * *

虽然能意识到“自己缺乏语言表现力……”的问题，但是有许多作者觉得“不管怎样，只要内容扎实严谨，总是能说清问题的，至于表现力之类的，睁一只眼闭一只眼就行了……”，于是一错到底。还有的作者觉得“自己对这种事没有天分，想要提高技巧无疑是强人所难”，于是干脆选择放弃。但是，用语言将自己脑海中想出的内容充分传达给读者的表现力是至关重要的。只要它还是商务沟通中使用的信息传递手段，它就是所有商务人士必须具备的基本能力。

逻辑写作对语言表达的要求主要包括三点：表达要具体而翔实、

表达的逻辑关系要清晰准确、表达要简洁明了。

无论对谁而言，客观分析自己的表达，并积极做出改正，都是非常困难的。在此，我希望通过对比经常出现的错误例文和改进的例文，让大家找到自我检查的具体抓手和实际线索。

专 题
是否有意识地使用行话、术语？

读者朋友，当读到下面的表述时，你会产生怎样的想法呢？

“X宣传活动的举绩[1]将计入下个月的业绩中。”

“Y商品的上市时机初步定在明年4月。”

“让我们朝着本期目标必成的方向迈进。”

许多日本读者可能会对“举绩”“上市”“必成”等汉字词语感到陌生，觉得自己从来没有使用过。“举绩”是经营业绩的意思，多用于保险行业。“上市”是投入市场销售的意思，多用于制药行业，在我常年从事的顾问咨询行业中也广泛使用。“必成”是必然实现的意思，多用于金融机构。

每当遇到这类词时，读者们可能会不由自主地想要翻开字典查询，然而大字典中往往也没有记载这些词语。用英语来说，这些词语就是“jargon”，也就是在只在某个行业或企业中使用的“行话、术语”的意思。使用这些行话、术语的商务人士们，在初次接触上述词语时，可能也会感到困惑，质疑“竟然还有这种表达方式”。但是，随着使用越来越频繁，许多人慢慢就习惯了，变得根本意识不到行话、术语的存在。

在拥有共同知识储备的同行或伙伴之间，使用行话、术语进行交流是非常方便的。但是，在与团队新成员或客户等完全不熟悉行话、术语意思的人交流时，我们一定要下功夫提前准备，尽量将行话、术语替换为对方能读懂的语言，或者对这些词语的含义进行定义后再使用。

① 举绩是保险行业的术语，意思是开单，也就是做成了业务的意思。

总结——用于自我检查的专用清单

本书分为构思和表现两个部分，对逻辑写作的方法进行了分析。在完成写作之后，我们应该对文书的内容进行修订，也就是所谓的“自我检查”，并确认表述是否简洁明了、逻辑清晰。

关于信息构思的检查事项

导语部分的构思

□文书的开头部分是否有“导语”？是否明确体现出“主题”和“期待的反应”等必备要素？

□除了必备要素以外，如果还有其他必备要素，是否对其进行了说明？

· 主题设定的背景是什么？

· 引导对方给出期待的反应的好处是什么？

· 作者是谁？为什么由这个作者发出信息？

· 读者是谁？为什么希望这个读者来读？

· 关于正文的特殊事项（信息来源、是初期提案还是最终提案的正文定位、正文的请求点）有哪些？

正文的构思

☐作者是否合理地将主题替换为应该回答的问题？

☐作者是否对每个问题的回答进行“So What?/ Why So?”分析？

· 作为回答的结论是什么？

· 直接支撑结论的论据有多少个？分别是什么？

☐论据的分类是否符合MECE原则？

☐逻辑顺序是否合理？是先提出结论，还是先提出论据？

关于信息展示的检查事项

构思的可视化

☐文书是否有暗示“主题”和“期待的反应”的标题？

☐读者是否能读出“So What?/ Why So?”和符合MECE原则的逻辑关系？

· 文书是否有标题（小标题）？

· 文书是否充分发挥了符号和间距的作用？

· 文书是否在开头明确展现说明的切入点？

信息的语言表达

☐文书的内容是否具体？

· 读者是否能轻松掌握文书的实质内容？

□文书是否符合逻辑?

· 读者是否能从语言表达中读出符合MECE原则和“So What?/Why So?”的逻辑关系?

□文书是否简洁明了?

· 文字是否简洁?是否存在累赘的表述?

结　语

现在，“逻辑思考”逐渐成为商务人士的必修科目。我希望大家不仅在大脑中理解，还要在沟通交流中灵活运用逻辑思考法。不仅如此，包括顾问在内的许多商务人士都在从事培训工作，从我自身学习逻辑思考的经验来看，我深切感受到下述两个方面的内容是至关重要的。

第一个方面是“写”是锻炼逻辑思考能力的绝佳手段。如果我们只在大脑中思考，是无法充分发挥MECE原则、“So What?/ Why So?”和逻辑模型等逻辑思考工具的作用的。我们只有在实践后，才能掌握运用各种工具的技巧。与之相同，逻辑思考工具也是如此。我们在大脑中反复思考，并在实际中运用逻辑思考工具是非常重要的。在这种情况下，无论是在纸上，还是在计算机界面中，如果我们写下自己思考的结果，并客观地分析、推敲、确认，就可以显著提升学习效果。

第二个方面是“逻辑思考+”的技巧，以此在沟通交流中充分发挥逻辑思考的作用。换句话说，就是我们如何引导读者带着理解和认同进行逻辑思考、如何简洁清晰地展现我们逻辑思考的成果。如果做不到这种“逻辑思考+”的程度，就会令对方觉得我们是“确实在头脑中进行了逻辑思考，但是说明起来无法令人感到信服的人”“说明起来令人感到费解的人”，从而产生抗拒心理，导致我们耗费心思和精力总结出的逻辑思考的成果无法得到落地应用，这是令人感到非常遗憾的。

我们应该怎样做才能掌握逻辑思考法呢？我经常会遇到这样的提问。如果拙作《麦肯锡写作技巧》有幸成为引导大家进入商务写作领域的钥匙，能够带动读者自我训练逻辑思考能力，那就是我最大的荣幸了。

本书的出版工作，得到了许多朋友的无私支持。协助完成校对工作的麦肯锡公司的员工、通过逻辑沟通培训结识的各行各业的商务精英，向我提供了许多将工作方法体系化的精髓和诀窍。正如“前言”中提到的，以《麦肯锡逻辑思考法》的联合作者冈田惠子女士、曾经担任麦肯锡公司图解可视化顾问的丸尾智秋先生为代表的审阅过书稿的众多朋友，向我提出了许多宝贵意见，并给予我鼓励的话语。东洋经济新报社出版局的大贯英范先生、佐藤敬先生以及远藤康友先生，始终给我无私的帮助。

在此，我对上文提到的各位致以诚挚的感谢！

照屋华子